高职高专智慧物流与供应链岗课赛证系列教材
“基于中高本一体化人才培养模式的课程内容体系构建及新形态教材开发”
课题研究成果

智慧物流与供应链基础

主　编　王铁牛　刘小军

中国财富出版社有限公司

图书在版编目（CIP）数据

智慧物流与供应链基础 / 王铁牛，刘小军主编 . --北京 ：中国财富出版社有限公司，2024. 11. --ISBN 978 - 7 - 5047 - 8308 - 0

Ⅰ. F252. 1-39

中国国家版本馆 CIP 数据核字第 2025MH7616 号

策划编辑	雷晓玲	**责任编辑**	雷晓玲	**版权编辑**	李　洋
责任印制	荀　宁	**责任校对**	卓闪闪	**责任发行**	敬　东

出版发行	中国财富出版社有限公司		
社　　址	北京市丰台区南四环西路 188 号 5 区 20 楼	**邮政编码**	100070
电　　话	010 - 52227588 转 2098（发行部）		010 - 52227588 转 321（总编室）
	010 - 52227566（24 小时读者服务）		010 - 52227588 转 305（质检部）
网　　址	http://www. cfpress. com. cn	**排　　版**	义春秋
经　　销	新华书店	**印　　刷**	北京九州迅驰传媒文化有限公司
书　　号	ISBN 978 - 7 - 5047 - 8308 - 0/F · 3777		
开　　本	787mm×1092mm　1/16	**版　　次**	2025 年 2 月第 1 版
印　　张	13. 5	**印　　次**	2025 年 2 月第 1 次印刷
字　　数	303 千字	**定　　价**	49. 00 元

前言
PREFACE

《中共中央关于进一步全面深化改革 推进中国式现代化的决定》明确提出，要健全提升产业链供应链韧性和安全水平制度，包括打造自主可控的产业链供应链，健全强化重点产业链发展体制机制，建立产业链供应链安全风险评估和应对机制等。

工业和信息化部办公厅、交通运输部办公厅、商务部办公厅联合发布的《制造业企业供应链管理水平提升指南（试行）》，旨在加快实施制造业供应链提升工程，推动现代供应链体系深度嵌入制造业产业链。财政部办公厅、工业和信息化部办公厅联合发布的《关于做好2024年中小企业数字化转型城市试点工作的通知》，强调推动“链式”转型，促进产业链供应链优化升级，发展数字化供应链，赋能供应链上下游中小企业数字化转型。

随着全球经济一体化加速推进和信息技术飞速发展与广泛应用，传统物流与供应链管理模式已难以满足现代经济的发展需求，智慧物流与供应链管理已成为现代企业管理不可或缺的重要组成部分。智慧物流与供应链管理作为新兴领域，逐步成为推动产业升级、提升经济竞争力的重要手段。通过运用物联网、大数据、云计算、人工智能等先进技术，智慧物流实现了物流作业的智能化、自动化和可视化，提高了物流效率和服务水平；供应链管理通过数字化手段，实现了供应链的透明化、协同化和智能化，增强了供应链的响应速度和韧性。

当前，智慧物流与供应链管理市场呈现出快速增长的趋势。一方面，电商、快递物流等下游行业蓬勃发展，对智慧物流的需求日益旺盛；另一方面，随着企业对供应链协同效率的要求不断提高，供应链管理数字化、智能化转型也迫在眉睫。未来几年内中国智慧物流市场规模将继续保持高速增长态势。

虽然智慧物流与供应链管理的发展前景广阔，但也面临着诸多挑战。例如，数据安全、技术更新迭代等问题需要行业内外共同努力解决。同时，随着市场竞争的加剧和消费者需求的多样化，如何提供更加个性化、高效化的服务也成为行业发展的重要课题。然而，这些挑战也为行业带来了新的发展机遇。

通过加强技术创新、完善基础设施、提升服务水平等措施，可以推动智慧物流与供应链管理实现更高质量的发展。

2024 年 4 月 16 日，由中国财富出版社有限公司参与申报的课题“基于中高本一体化人才培养模式的课程内容体系构建及新形态教材开发”经中国物流学会、教育部高等学校物流管理与工程类专业教学指导委员会、全国物流职业教育教学指导委员会组织的专家评审并进行综合评议，立项通过。为深入推进课题研究，在编写本书的过程中，编写团队就如何进行中高本衔接，确保学生在不同阶段的学习中能够顺利过渡，减少知识断层和重复学习的情况，实现教育的连贯性和整体性进行了深入的探讨，并以新形态教材的出版形成课题研究成果。

本书旨在系统阐述该领域的基本理论、核心技术和实践应用，为读者提供全面、深入的学习资源。

本书采用任务驱动的模式，便于学生分块学习和掌握。本书围绕复合型智慧物流与供应链管理人才培养目标，实施项目化、任务化教学，增强实践性和可操作性。本书注重思政教育，将社会主义核心价值观、职业道德、法律法规、优秀文化等融入教学内容，强调工学结合，通过实践任务和案例分析，提升学生的实际操作能力和问题解决能力。为方便教师教学，本书配有电子课件、教学指南、习题及答案等，本书还配有拓展资源，包括视频、图片及三维模型等。请有需求的读者登录中国财富出版社官网（www. cfpress. com. cn）下载。

本书不仅可作为物流类专业及相近的财经商贸类（如跨境电商、数字营销等）专业的教学用书，也可作为物流类专业的培训用书和从事物流行业的人员的参考用书，还可供即将从事物流与供应链行业的人员参考。

智慧物流与供应链管理是一个不断发展的领域，新的技术和理念层出不穷。因此，希望读者能够在学习本书的基础上，继续关注行业动态和技术发展，保持持续学习的热情和能力。

本书致力于成为智慧物流与供应链管理领域的学习者和从业者的良师益友，为推动该领域的发展贡献一份力量。我们相信，通过对本书的学习，读者能够掌握智慧物流与供应链管理的基本理论和方法，为未来的职业发展奠定坚实的基础。

本书编写力求完善，但因水平有限，疏漏之处在所难免，恳请和感谢读者批评指正。

编　者

目录
CONTENTS

01 PROJ

项目一

走进智慧物流 …… 1

任务一　认知智慧物流装备 …… 5

任务二　了解智慧物流技术 …… 13

任务三　知悉智慧物流业务 …… 18

02 PROJ

项目二

智慧仓储 …… 23

任务一　认知智慧入库 …… 27

任务二　了解智慧在库管理 …… 37

任务三　知悉智慧出库 …… 51

03 PROJ

项目三

智慧运输 …… 57

任务一　认知智慧装卸 …… 61

任务二　了解智慧运输调度 …… 78

任务三　知悉智慧运输在途管理 …… 87

04 PROJ

项目四

智慧配送 …… 95

任务一　认知智慧配送 …… 99

任务二 了解智慧配送路径规划与优化 …… 114
任务三 知悉智慧配送执行与监控 …… 121

05 PROJ
项目五
智慧物流增值服务 …… 129

任务一 认知智慧物流增值服务 …… 132
任务二 了解智慧物流数据分析与预测 …… 137
任务三 知悉智慧流通加工 …… 144

06 PROJ
项目六
认识供应链 …… 153

任务一 认知供应链结构 …… 157
任务二 了解供应链理念 …… 164
任务三 知悉供应链运营 …… 169

07 PROJ
项目七
智慧物流与供应链运营 …… 183

任务一 认知智慧物流与供应链运营的关系 …… 187
任务二 了解智慧物流与供应链运营协同 …… 195
任务三 知悉智慧物流与供应链运营发展的趋势 …… 203

参考文献 …… 207

01 PROJ 项目一 走进智慧物流

◎知识目标

- 了解智慧物流装备的基本概念。
- 了解智慧物流的关键技术。
- 熟悉智慧物流的主要应用场景。
- 了解智慧物流的未来发展趋势。
- 了解新技术对智慧物流的影响。

◎能力目标

- 能够识别常见的智慧物流装备。
- 具备创新思维。
- 具备团队协作能力。

◎思政目标

- 增强环保意识。
- 强化社会责任感。
- 树立职业道德，培养职业精神。

知识图谱

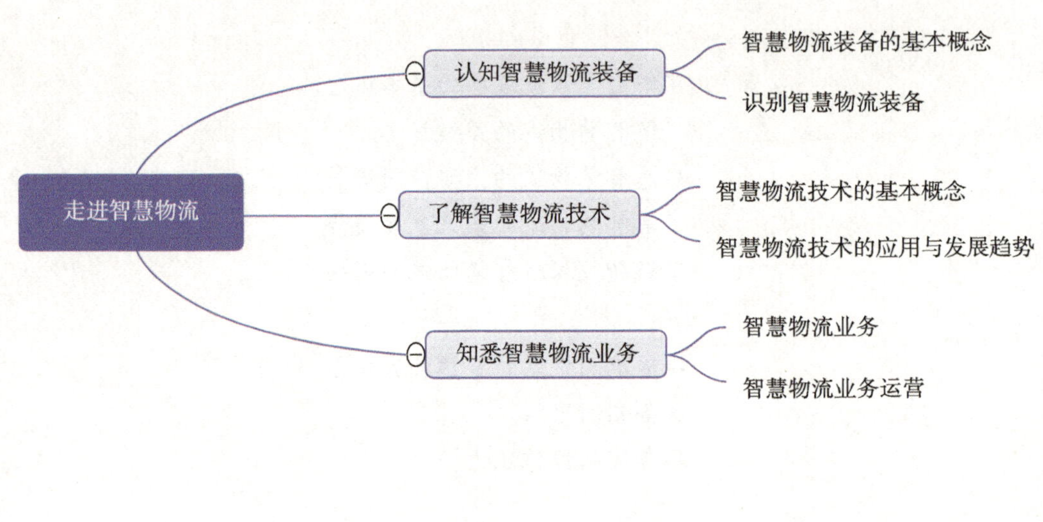

走进智慧物流
认知智慧物流装备
智慧物流装备的基本概念
识别智慧物流装备
了解智慧物流技术
智慧物流技术的基本概念
智慧物流技术的应用与发展趋势
知悉智慧物流业务
智慧物流业务
智慧物流业务运营

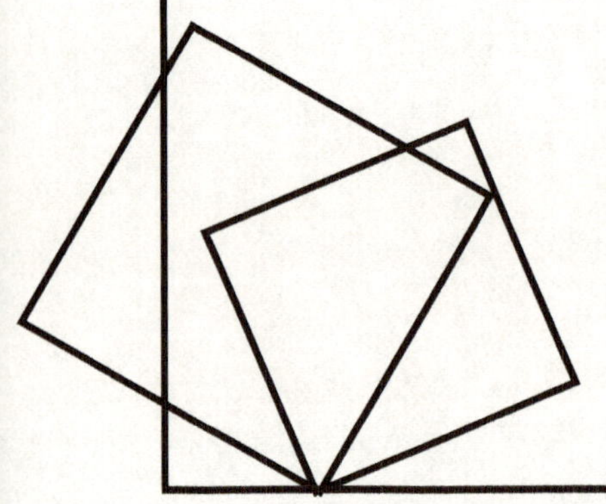

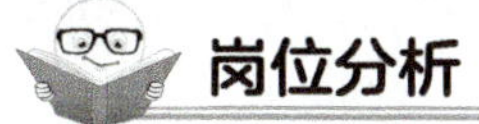

岗位分析

岗位：无人驾驶车辆操作员

• **岗位职责：**负责无人驾驶车辆的实际驾驶与测试，确保车辆在各种环境和条件下能够正常运行。在驾驶过程中，负责收集并记录研发团队所需的各种数据，如车辆性能、行驶轨迹、传感器数据等。根据驾驶体验和测试结果，向研发团队提供详细准确的反馈信息，帮助改进无人驾驶系统的性能和功能。

• **典型工作任务：**无人车辆驾驶、无人车辆测试、无人车辆数据收集。

• **职业素质：**具有驾驶技能与经验、沟通意识、协作意识、服务意识、安全意识、法规意识。

• **职业能力：**具备较强的驾驶技能及丰富的驾驶经验，具有较强的沟通能力，有强烈的安全意识和一定的技术素养，有持续学习的能力及灵活的应变能力。

• **可持续发展能力：**持续学习的能力与抗压能力。

项目导读

随着科技的飞速发展，物流行业正迎来一场深刻的变革。智慧物流作为这场变革的核心，正在逐步改变我们对物流的认知。

智慧物流是指利用物联网、大数据、云计算、人工智能等先进技术，实现物流信息的实时采集、传输、处理和分析，从而提高物流运作的自动化、智慧化水平的一种物流运作方式。智慧物流的意义在于，它能够有效提升物流效率、降低物流成本、优化资源配置、提高客户满意度，从而推动物流行业的可持续发展。

智慧物流常用的先进技术有如下几种。

物联网，是通过各种信息传感设备，如射频识别（RFID）、红外感应器、全球定位系统（GPS）、激光扫描器等装置，按约定的协议，将任何物品与互联网相连接，进行信息交换和通信，以实现智能化识别、定位、跟踪、监控和管理的一种网络。物联网通过RFID、GPS、传感器等设备，实现对物流信息的实时采集和传输。RFID 技术是一种非接触式的自动识别技术。它利用无线射频信号在阅读器和射频卡之间进行非接触双向数据传输，以达到目标识别和数据交换的目的。RFID 技术在物流信息化系统中主要用于货物追踪、库存管理、订单处理等环节，可以提高物流运作的透明度和效率。

大数据，可以对海量物流数据进行存储、处理和分析，挖掘出有价值的信息，为物流决策提供支持。

云计算，可以提供强大的计算能力，支持物流系统的运行和优化。

人工智能（Artificial Intelligence，AI），是使计算机模拟人类智能行为的技术。在机器人技术中，AI 用于路径规划、决策支持、自然语言处理等，通过机器学习、深度学习等技术，实现物流过程的自动化、智慧化管理。

智慧仓储，可以利用物联网、自动化等技术，实现仓库的自动化管理和智慧调度。

智慧配送，可以通过大数据、人工智能等技术，优化配送路线，提高配送效率。

供应链协同，可以利用云计算、区块链等技术，实现供应链的透明化和协同化。

无人驾驶物流，可以通过无人驾驶技术，实现物流车辆的自动驾驶和远程监控。

智慧物流带来了诸多优势，但在实际应用过程中也面临着一些挑战，如技术成熟度、数据安全、人才短缺等问题。随着技术的不断进步和政策支持，这些问题都将被逐步解决，智慧物流前景依然广阔。未来，智慧物流将在更多领域得到应用，为物流行业的发展注入新的动力。智慧物流是物流行业未来的发展趋势，它将引领物流行业走向更加高效、智慧、绿色的未来。

任务一 认知智慧物流装备

任务描述

子任务 1：学生以项目组为单位，通过网络搜索或查阅图书等方式结合学习内容识别智慧物流装备。

子任务 2：根据查找到的资料归纳总结智慧物流装备的功能和用途。

子任务 3：每个项目组将所收集到的资料整理制作成汇报 PPT（演示文稿），并推荐同学做分享汇报。

岗前培训

✣ 岗前培训 1：智慧物流装备的基本概念

1. 智慧物流装备的概念

智慧物流装备是指集成了传感器技术、人工智能、大数据等先进技术，以实现物流流程的精细化、动态化和可视化管理的新型物流设备。这类设备能够增强物流系统在智能化分析决策和自动化操作执行方面的能力，进而显著提高物流运营的效率。

2. 智慧物流装备的特点

（1）智慧化

智慧物流装备借助物联网、大数据等技术，可实现对物流环节的智慧监控和管理，提高运输效率，降低成本。

（2）可视化

智慧物流装备通过实时数据监控和传输，实现物流信息的可视化，提高了运输的透明度和安全性。

（3）自动化

智慧物流装备利用自动化设备和技术，减少人为操作的错误和延误，提高了运输效率。

（4）高效节能

智慧物流装备的运用有助于优化运输路线和货物配载，降低能源消耗和排放，进而实现绿色低碳的运输方式。

3. 智慧物流装备的发展趋势

（1）软硬件融合

智慧物流装备越来越呈现软硬件融合的趋势，软件在物流系统中的作用逐渐增大，推动了智慧硬件的创新发展。

（2）层级功能演进

智慧物流装备的功能正在经历从单元级智慧硬件到系统级智慧仓储，再到平台级的物流智慧大脑管理平台的层次化演进。

（3）柔性自动化

智慧物流装备越来越呈现柔性自动化趋势，能够灵活扩展、随时调整，满足多样化的物流需求。

4. 智慧物流装备的应用领域

智慧物流装备广泛应用于仓储、运输、配送等物流环节。例如，在仓储环节，智慧物流装备可以实现货物的自动储存、取出和分类；在运输环节，可以实现货物的自动装卸、运输和追踪；在配送环节，可以实现货物的自动分拣、配送和签收。

智慧物流装备是物流行业实现数字化转型和智慧化升级的重要基础，它集成了感知传感、信息化、人工智能等先进技术，具备自我感知、自我决策、自我执行和自我优化等智慧化特性，广泛应用于仓储、运输、配送等物流环节，对物流行业产生了深远的影响。它提高了物流运作的效率和准确性，降低了物流成本，提升了物流服务质量。同时，智慧物流装备也推动了物流行业的创新发展，促进了物流行业的可持续发展。

✣ 岗前培训 2：识别智慧物流装备

1. 智慧物流装备的识别方法

（1）外观识别

智慧物流装备通常具有现代化的外观设计和标识，如自动化叉车、智能仓储机器人等。

（2）技术配置

通过查看设备的技术配置和参数，如传感器数量、计算能力、存储容量等，可以判断其智慧化水平。

（3）功能演示

观察设备在实际操作中的表现，如自动导航、精准定位、快速响应等，可以直观感受其智慧化和自动化程度。

2. 自动导引车

自动导引车（Automatic Guided Vehicle，AGV）是指在车体上装备有电磁学或光学等导引装置、计算机装置、安全保护装置，能够沿设定的路径自动行驶，具有物品移载功能的搬运车辆，如图 1-1 所示。AGV 由计算机控制，以轮式移动为特征，自带动力或动力转换装置，通过与 WMS（仓储管理系统）、MES（生产执行系统）结合，能实现仓储的自动化搬运管理和货位的柔性动态分配，拣选由“人到货”变为

“货到人”，提高了工作效率。

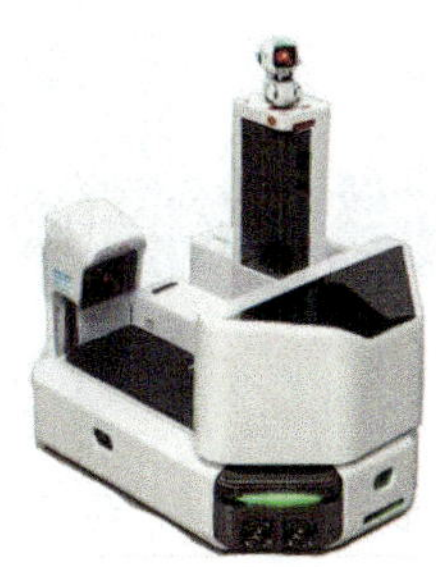

图 1-1　自动导引车

AGV 采用了一系列的传感器、导航技术及自主控制系统，实现了在工业和物流领域的自动化操作。它配备了各种传感器，如激光雷达、摄像头、红外线传感器等，用于感知周围环境的信息，如障碍物、墙壁、货物等。AGV 通常会通过地图建模技术对工作区域进行地图构建。AGV 通过激光扫描仪或摄像头等设备，对工作区域进行扫描和测量。在路径规划方面，AGV 根据地图信息和任务需求，利用路径规划算法确定最优的行驶路径。自主导航系统基于实时感知和地图信息，实现精确定位和航向控制，保证 AGV 能够准确地沿着路径行驶。AGV 的引导方式多样，包括电磁感应式（磁条导航）、激光感应式和 RFID 感应式等。这些引导方式各有优缺点，适用于不同的场景和需求。AGV 在多个领域有广泛应用，包括制造业、仓储和物流、医疗保健、电子制造、食品和饮料产业、航空航天、零售业等。在制造业中，AGV 用于自动化物料搬运和生产线上的物流操作，可以提高生产效率。在仓储和物流领域，AGV 用于自动化货物的搬运、仓库内的货架补货和订单拣选等任务，可以减少人力成本，提高操作效率。

AGV 具有高度的自动化和智慧化等特点，能够显著提高工作效率和减少人力成本。它具有充电自动化的功能，电池寿命长，且每充电 15 分钟可工作 4 小时左右。AGV 的导引路径明确，大大提高了安全性，并且具有易维护、可预测和降低产品损伤等优点。

AGV 在工业和物流领域具有广泛的应用前景和重要的价值。通过内置的传感器和控制系统，能够自动规划路径、避开障碍物，并准确地将货物搬运到指定位置。

3. 智能仓储机器人

智能仓储机器人（见图 1-2）是一种集成了先进技术的自动化设备，主要用于提高仓储作业的效率、精度和安全性。智能仓储机器人能够通过激光扫描仪扫描库房布局，利用算法生成库房布局的三维模型。

图 1-2　智能仓储机器人

智能仓储机器人能根据库房布局及公司管理系统的数据，进行库存盘点，并识别错误的库位及异常商品。利用机器视觉识别并标记位置，实现高效、准确的货物拣选。通过自主导航技术，在仓储环境中自由行动，实现货物搬运与库房布局同时进行。当遇到异常情况时，智能仓储机器人能识别、分离相关货物，并对异常情况进行标记。智能仓储机器人能实时监测库房环境，包括光照、温度、湿度等，确保货物的安全。

智能仓储机器人能够在复杂的仓储环境中自由移动，并通过高精度的定位确保货物搬运的准确性。具备实时监控仓库物品的能力，提高了仓储效率和安全性。可与仓库管理系统进行数据交互，实现无人化的自动化仓储管理。

智能仓储机器人被广泛应用于电商仓储、制造业、快递物流和医药行业等，极大地提高了仓储行业的效率和智慧化程度。

智能仓储机器人涉及磁导航、光学导航、激光导航及 SLAM（即时定位与地图构建）技术，这些技术可以确保机器人在仓库内实现精确定位和自主导航。

智能仓储机器人利用条码识别、机器视觉等技术，实现货物的快速准确识别。

智能仓储机器人采用机械臂、夹具、输送带等搬运技术，确保货物搬运的灵活性和高效性。

随着人工智能、大数据、物联网等技术的快速发展，仓储机器人技术也在不断突破，为仓储物流行业带来更加智慧、高效、安全的发展方向。

4. 无人配送车

无人配送车（见图 1-3）通过 GPS、激光雷达等技术实现自主导航和避障功能，能够自动完成货物的配送任务。

图 1-3　无人配送车

无人配送车是一种集成了多种先进技术，如自动驾驶、传感器融合、路径规划、智慧调度等，以实现自主导航、自动配送的智慧化运输工具。

无人配送车通过搭载多种传感器（如激光雷达、摄像头、超声波传感器等）来感知和识别周围环境，包括道路、交通信号、行人、障碍物等。

无人配送车使用精确的地图数据，结合定位系统（如 GPS、惯性导航系统等）获取自身准确的位置信息，以便规划最优的路径和避免碰撞。

根据感知到的环境信息和目标位置，无人配送车通过算法对路径进行规划和控制，确定最佳的行驶路径和速度，以安全又高效地到达目的地。

无人配送车可以通过无线网络与交通管理系统、其他车辆、配送站点等进行实时通信和协同，获取最新的交通信息、路况变化等，进而进行任务调度和优化。

无人配送车还配备了多种安全系统，如紧急制动系统、防碰撞系统、障碍物检测系统等，以确保在紧急情况下能够采取相应的措施，保障行车安全。

无人配送车可以 24 小时不间断工作，配送效率高于人力，满足消费者对配送速度和服务质量的高要求。

无人配送车无须支付人工工资，节省了人力资源成本，同时减少了因人为因素导致的配送错误和事故风险。

5. 物流用无人机

无人机（Unmanned Aerial Vehicle，UAV）是可以远程或自主飞行的飞行器，常用于搜索、救援及物流等领域。物流用无人机（见图 1-4），也称为货运无人机，是一种利用无人驾驶技术执行货物运输任务的飞行器。按照不同的分类标准，无人机可以分为多种类型。例如，按飞行平台构型分类，物流用无人机主要包括固定翼无人机、多旋翼无人机、垂直起降无人机等。这些无人机各有特点，适用于不同的物流场景。

图 1-4 物流用无人机

无人机可以通过空中航线将货物直接送达偏远地区，解决了传统配送方式成本高昂且效率低下的问题。在灾害发生后，无人机可以快速将救援物资送达，如食品、药品等，为受灾地区提供及时的帮助。无人机在大规模货物配送中表现出色，特别是在传统物流配送难以覆盖的地区。无人机特别适用于快递配送，尤其是在那些难以通过传统方式配送的地区，如山区、海岛等。在农村地区，无人机可以将农业物资快速送达农户手中，提高农业生产效率。

无人机可以避免交通拥堵和路线限制，实现更快速、高效的配送服务。例如，无人机可以直线飞行，不受地面交通情况的影响，从而提高了配送的速度和效率。

无人机可以避开复杂多变的地形和道路，在空中自由飞行，实现了灵活便捷的空中运输。无人机配送不需要驾驶员，降低了人力成本。同时，无人机可以自动充电，不需要额外的燃料成本，进一步降低了物流配送的运营成本。无人机采用无人驾驶模式，避免了人为操作可能带来的错误和失误，提高了物流的安全性。

随着技术的不断进步和创新，无人机物流将应用于更广泛的场景，如城市交通、工业制造等。无人机物流将在操作系统、通信技术、传感器技术等方面得到更多的技术升级和发展，进一步提升其性能和稳定性。随着无人机物流规模的不断扩大，将建立更加完善、科学的管理和监管体系，以保证无人机物流的顺利进行。

无人机物流具有低碳、无噪声和节能的特点，未来发展中将更加注重环保理念的普及和实践。

6. 智能快件箱

智能快件箱（见图 1-5）是指设置在商业区、居民区、办公区、校区、厂区等场所，提供快件寄递服务的自助设施，不包括快件以外其他物品的自助存取设施。智能快件箱是一种基于物联网技术的智慧储物系统，旨在提供安全、便捷、高效的快递存取服务。

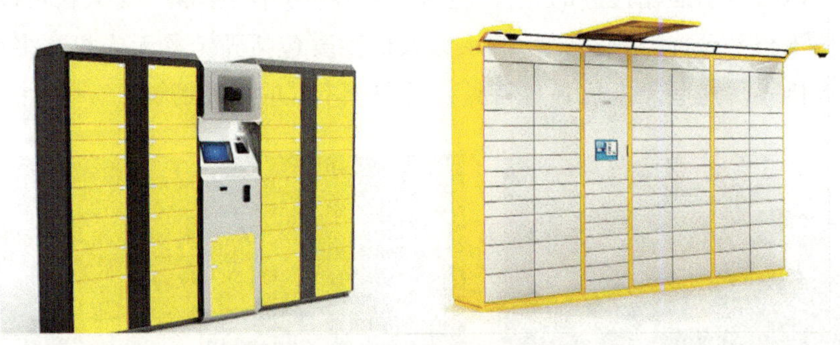

图 1-5　智能快件箱

智能快件箱由储物终端与平台管理系统组成，实现了快递的智慧存件、智慧取件、远程监控、信息管理、信息发布等功能。通过将快递公司、收件方、管理方等相关各方无缝衔接，智能快件箱实现了集中存取、指定地点存取、24 小时存取等功能，有效解决了末端配送难题，提高了效率。

快递员将快递送达指定地点后，将其存入智能快件箱，系统便会自动给用户发送一条包含取件地址和验证码的短信。用户在方便的时间到达该终端，输入验证码即可取出快递，全程便捷、安全。智能快件箱配备摄像头，对存取全程进行监控，有效防止纠纷，保护快件信息安全。

智能快件箱根据不同的使用场景，主要分为室内型、室外型或公共型、专用型等。

室内型主要应用于写字楼、商场、宾馆等场所，具有便捷、快速派送、增加业主安全感等特点。

室外型主要应用于居民区、公路服务区、车站、机场等场所，具有 24 小时自动派件、适应所有气候等特点。

公共型主要应用于学校、医院、体育馆等公共场所，具有通用性、多功能性等特点。

专用型主要应用于火车站、航空港等场所，具有集成化、高效性等特点。

对收件人而言，智能快件箱提供了安全、便捷的取件方式，有效保护个人隐私。对快递员而言，智能快件箱节约了配送时间，提升了派件效率，同时减少了因配送问题产生的纠纷。对物业而言，智能快件箱节省了场地，提高了服务质量，减少了业主纠纷。用户可通过手机或触摸屏进行自助取件、寄件等操作。智能快件箱采用先进的防盗技术和监控系统，能确保快递安全，提供 24 小时自助服务，满足用户随时取件的需求，广泛应用于小区、学校、写字楼等场所，为用户提供便捷的快递服务。

任务执行

步骤 1：以项目组为单位，通过网络搜索或查阅图书等方式查找智慧物流装备的图片、功能、应用领域及相关视频，将结果填入表 1-1。

表 1-1　　智慧物流装备一览表

序号	名称	图片	视频链接	功能	应用领域
1	AGV				
2	智能仓储机器人				
3	无人配送车				
4	物流无人机				
5	智能快件箱				

步骤 2：各项目组制作关于智慧物流装备的 PPT 并上台分享。

任务评价

在完成上述任务后，教师组织三方评价，完成表 1-2 的填写（满分 10 分，评价标准明细项目分值由教师根据培养目标和学情分析自行确定），并对学生任务执行情况进行点评。

表 1-2　　任务评价表

<table>
<tr><td>班级</td><td></td><td>项目组名称</td><td colspan="4"></td></tr>
<tr><td>组长</td><td></td><td>成员</td><td colspan="4"></td></tr>
<tr><td>评价要素</td><td>评价标准</td><td>评价依据</td><td>个人（10%）</td><td>项目组（30%）</td><td>教师（60%）</td><td>权重</td></tr>
<tr><td>知识</td><td>（1）熟悉智慧物流装备。
（2）熟悉智慧物流装备的功能和应用领域</td><td>表 1-1 填写情况</td><td></td><td></td><td></td><td>40%</td></tr>
<tr><td>能力</td><td>（1）识别智慧物流装备。
（2）表述智慧物流装备的功能和应用领域</td><td>PPT 制作情况和上台分享情况</td><td></td><td></td><td></td><td>40%</td></tr>
<tr><td>素养</td><td>（1）遵守课堂管理规定。
（2）按时完成学习任务。
（3）有吃苦耐劳、团结协作的精神。
（4）服从管理，文明操作。
（5）有组织研讨的能力。
（6）学习积极主动、勤学好问</td><td>（1）考勤。
（2）课堂表现</td><td></td><td></td><td></td><td>20%</td></tr>
</table>

任务二　了解智慧物流技术

任务描述

子任务 1：学生以项目组为单位，通过网络搜索或查阅图书等方式结合学习内容了解智慧物流技术。

子任务 2：根据查找到的资料归纳总结智慧物流技术的性能和应用。

子任务 3：每个项目组将所收集到的资料整理制作成汇报 PPT，并推荐同学做分享汇报。

岗前培训

✣ 岗前培训 1：智慧物流技术的基本概念

1. 定义

智慧物流技术是利用先进的信息技术，如物联网、大数据、云计算、人工智能等，对物流过程中的各个环节进行智慧化管理和优化。

2. 技术基础

（1）物联网（IoT）

物联网技术使物流系统中的各个组成部分能够相互连接和通信，确保信息能够实时传输和共享。

（2）大数据

大数据技术用于收集、存储、分析和挖掘物流过程中产生的大量数据，为决策提供数据支持。

（3）云计算

云计算技术提供了高效、安全且可扩展的计算和存储资源，以支持智慧物流系统的运行和持续优化。

（4）人工智能（AI）

人工智能技术包括机器学习和深度学习，用以实现物流系统的自动化决策、智能调度和精确控制。

3. 智慧物流技术的特点

智慧化决策：智慧物流系统依托大数据和人工智能技术进行自主决策，包括运输路径规划、库存预测及资源调度等。

自动化操作：应用自动化和机器人技术，智慧物流可自动执行任务，如无人仓储操作、自动分拣及无人配送等。

信息化管理：信息化技术使物流过程的实时监控和管理成为可能，从而提高了物流流程的效率与透明度。

4. 智慧物流技术分类

智慧物流技术按照其应用领域和功能特点分为自动识别技术、智慧仓储技术、智慧配送技术、智慧运输技术、物流信息化技术、智慧调度与优化技术、配载线路优化技术、大数据与云计算技术等。

自动识别技术包括条码识别技术和 RFID 技术。条码识别技术是使用光电扫描设备识读条码符号，实现信息自动录入的技术。常用码制包括 EAN 码、UPC 码、128 条码等。RFID 技术是利用感应、无线电波或微波技术的读写器设备对射频标签进行非接触式识读的技术，适用于物品识别、位置跟踪等场景。

智慧仓储技术包括自动化仓储系统和智慧储位管理。自动化仓储系统是利用机器人和自动化设备实现货物储存、搬运、分拣和装载的物流系统，如智慧堆垛机、输送机系统等。智慧储位管理是通过信息系统和算法实现货物储位的智慧分配和管理，提高仓储效率和准确性。

智慧配送技术包括无人机配送和智慧路径规划等。无人机配送是利用无人机进行货物配送，提高配送效率和灵活性，满足特殊环境下的配送需求。智慧路径规划是基于 GIS（地理信息系统）和实时路况信息，为配送车辆规划最优路径，减少配送时间和成本。

智慧运输技术包括智慧车辆调度和智慧运输路线选择等。智慧车辆调度是通过智慧调度系统实时掌握车辆位置和状态，实现车辆的高效调度和协同作业。智慧运输路线选择是基于大数据分析和预测模型，为运输车辆选择最优路线，降低运输成本和时间。

物流信息化技术包括物流信息化系统等。物流信息化系统利用信息技术对物流流程进行管理和优化，实现物流过程的监控、跟踪和调度。

智慧调度与优化技术包括配载技术和配载线路优化技术。配载技术是在完成一个或多个运作目标的前提下，实现时间、成本、资源、效率等的优化整合。

配载线路优化技术是通过算法和模型优化集货线路、货物配装及送货线路，提高配送效率和服务质量。

大数据与云计算技术包括大数据分析和云计算技术。大数据分析可以分析和处理大量的物流数据，如物流订单、货物运输路线、运输成本等，为物流决策提供有力支持。云计算技术提供可靠的数据存储和计算能力，支持物流企业进行实时监测和管理，提高物流运输的效率和准确性。

✣ 岗前培训 2：智慧物流技术的应用与发展趋势

1. 应用

物流大数据分析通过采集和分析物流数据，优化物流配送路线，提高运输效率。物流无人化利用自动化技术实现仓储、装卸、运输等环节的自动化操作。物流可视化管理通过信息化技术，实现对物流环节的实时监控和管理，提高物流透明度。配送智慧化通过智慧路线规划、智慧调度管理等技术，实现高效、准确的电商物流配送。自动化仓储应用自动化仓储系统，如机器人、自动分拣系统等，提高仓储效率和准确性。智慧仓储管理利用AI技术优化仓库布局，智慧调整货物储存位置，提高仓储管理效率。智慧仓储设备实时跟踪物流数据，同步信息至终端用户，提高物品储存和物流操作速度。智慧运输管理通过物联网技术和车联网技术实现车辆远程监控、路线优化和安全管理。智慧供应链管理通过整合供应商、生产商、销售商等，实现供应链的有效管理。农产品储存、运输和销售过程中应用物联网技术实时监测农产品的温度、湿度等，确保农产品质量和安全。药品生产、配送、销售过程中，利用智慧物流技术确保药品的质量和安全，实现药品的追溯和监控。冷链物流领域通过智慧技术确保食品等的新鲜度和安全性。

此外，智慧物流技术还应用于智慧配送系统、智慧运输装备、物流 PDA（掌上电脑）管理系统、智慧库存管理系统等。

智慧配送系统：利用智慧物流技术可以自动识别货物属性，智慧规划配送路线，提高配送效率和准确性。

智慧运输装备：如智慧导航系统、智慧交通控制系统等，利用智慧物流技术可以提高物流运输的安全性和效率。

物流 PDA 管理系统：利用智慧物流技术可以实现货物追踪、签收管理、库存管理等物流配送功能，提高配送效率和准确性。

智慧库存管理系统：通过大数据分析、物联网等技术手段，实时监控和管理库存，提高库存管理的效率和准确性。

智慧物流技术在不同领域都有广泛应用，结合物联网、大数据、云计算、人工智能等技术，实现物流过程的智慧化、自动化和信息化，提高物流效率、降低成本、增强物流透明度和提升客户体验。

2. 发展趋势

（1）人工智能和机器学习

通过大数据分析和预测算法，AI 在物流行业中将发挥更重要的作用，如优化运输路线、提高货物追踪能力、实现物流流程的自动化及降低人力需求和错误率。

（2）物联网技术

物联网技术的应用可实现实时监测货物状态，提高供应链的可见性和敏捷性的目标。

（3）无人机和机器人技术

无人机在特定区域的货物运输、机器人在仓储环节的自动搬运和包装等将进一步改变物流行业。

（4）区块链技术

区块链技术通过分布式账本，可实现供应链管理的透明化和可追溯性，提高安全性，节约成本。

物流技术装备将呈现软硬件融合的趋势，智慧物流装备将更加依赖软件定义硬件，推动智慧硬件的创新发展。物流系统将从单元级智慧硬件、系统级智慧仓储到平台级的物流智慧大脑管理平台，进行层级功能演进。大数据将在物流领域发挥更加关键的作用，如预测需求、智慧调度、质量控制等。云计算提供可靠的数据存储和计算能力，支持物流企业进行实时监测和管理，提高物流运输的效率和准确性。

智慧物流平台可实现跨系统、跨平台的互联、互通和互操作，可在全局范围内实现信息全面感知和科学决策。

任务执行

步骤1：以项目组为单位，通过网络搜索或查阅图书等方式查找智慧物流技术的视频资料，归纳总结智慧物流技术的性能和应用，将结果填入表1–3。

表1–3　智慧物流技术一览表

序号	名称	视频链接	性能	应用领域
1	自动识别技术			
2	智慧仓储技术			
3	智慧配送技术			
4	智慧运输技术			
5	物流信息化技术			
6	智慧调度与优化技术			
7	配载线路优化技术			
8	大数据与云计算技术			

步骤2：各项目组制作关于智慧物流技术的PPT并上台分享。

任务评价

在完成上述任务后，教师组织三方评价，完成表1–4的填写（满分10分，评价标准明细项目分值由教师根据培养目标和学情分析自行确定），并对学生任务执行情况进行点评。

表 1-4　　任务评价表

班级		项目组名称				
组长		成员				
评价要素	评价标准	评价依据	个人（10%）	项目组（30%）	教师（60%）	权重
知识	（1）熟悉智慧物流技术。 （2）熟悉智慧物流技术的应用和发展趋势	表 1-3 填写情况				40%
能力	（1）识别智慧物流技术。 （2）表述智慧物流技术的应用和发展趋势	PPT 制作情况和上台分享情况				40%
素养	（1）遵守课堂管理规定。 （2）按时完成学习任务。 （3）有吃苦耐劳、团结协作的精神。 （4）服从管理，文明操作。 （5）有组织研讨的能力。 （6）学习积极主动、勤学好问	（1）考勤。 （2）课堂表现				20%

任务三　知悉智慧物流业务

任务描述

子任务 1：学生以项目组为单位，通过网络搜索或查阅图书等方式结合学习内容了解智慧物流业务。

子任务 2：根据查找到的资料归纳总结智慧物流业务的分类、特点、运营步骤、运营领域。

子任务 3：每个项目组将所收集到的资料整理制作成汇报 PPT，并推荐同学做分享汇报。

岗前培训

✣ 岗前培训 1：智慧物流业务

1. 智慧物流业务的概念

智慧物流业务是利用先进的信息技术，如物联网、大数据、云计算、人工智能等，对物流过程中的各个环节进行智慧化管理和优化的一种现代物流模式。

2. 智慧物流业务分类

智慧物流业务分为智慧仓储、智慧运输、智慧配送、智慧物流信息化和智慧供应链管理等。

智慧仓储利用自动化设备、机器人等提升仓储作业效率和准确度，实现货物的自动化储存、检索和盘点，降低人力成本，提高仓储效率。

智慧运输利用物联网技术、无人驾驶技术等实现智慧化运输管理，提高运输效率和安全性，通过实时追踪和数据分析，优化运输路线和资源配置。

智慧配送利用路由优化算法、配送机器人等实现更精准、高效的配送服务，提高配送效率和服务质量，涉及“最后一公里”配送、无人配送等多个领域。

智慧物流信息化指利用大数据、云计算、人工智能等技术对物流信息进行管理和分析，实现物流信息的实时更新、共享和可视化，提高物流过程的透明度和可控性。

智慧供应链管理通过智慧化技术，对供应链各个环节进行集成和优化，实现更高效的供应链管理，涉及供应商管理、库存管理、订单管理等多个方面，提高了供应链的响应速度和协同效率。

3. 智慧物流业务的特点

（1）信息化与数据驱动

智慧物流以信息技术为核心，实现物流信息的实时传递和共享，提高了物流信息的准确性和及时性。

所有物流要素实现互联互通，一切业务数字化，物流系统全过程透明可追溯；一切数据业务化，以“数据”驱动决策与执行，为物流生态系统赋能。

（2）自动化与智慧化

智慧物流运用自动化设备和技术手段，实现物流作业的自动化和智慧化，减少了人力资源的投入。配送终端的智慧货柜、无人机、机器人技术开始进入应用阶段，自动驾驶卡车等成为关注热点。智慧物流系统能模仿人的智慧，具有思维、感知、学习、推理判断和自行解决物流中某些问题的能力。

（3）网络化与协同化

智慧物流通过物流网络的建设和应用，实现了物流资源的共享和物流过程的协同，提高了物流运输的效率和灵活性；通过跨集团、跨企业、跨组织之间的深度协同，基于物流系统全局优化的智慧算法，调度整个物流系统中各参与方高效分工协作。

（4）可视化与实时监控

智慧物流通过物流信息系统的应用，实现了物流过程的可视化，使物流管理者能够清楚地了解物流过程的状态和问题。利用 GPS、传感器等技术实现对车辆的实时监控和管理，同时还可以通过交通预测、天气预测等技术，实现规划路线的最优化。

（5）环保节能与可持续发展

智慧物流通过物流资源的合理配置和物流过程的优化，减少了物流作业对环境的影响，降低了物流过程的能耗和排放。智慧物流有助于绿色物流的推行，可以提高社会贡献度，实现可持续发展。

（6）个性化与定制化

智慧物流可结合客户需求，提供个性化物流解决方案，满足不同客户的特定需求。

（7）技术创新与迭代升级

物联网、云计算、大数据、人工智能等技术的不断发展，为智慧物流创新发展创造了条件。智慧物流系统在实际运作中不断迭代升级，可通过大数据分析等手段优化物流运输路线和配送时间等。

4. 发展趋势

（1）技术创新

随着大数据、云计算、物联网等技术的不断发展，智慧物流将在技术创新方面取得更多突破。

(2) 服务模式创新

物流企业将更加注重客户需求，提供更加个性化的物流服务，如定制化物流服务等。

(3) 市场格局变化

随着智慧物流的不断发展，市场份额将进一步扩大，物流产业竞争将更加激烈。

✣ 岗前培训 2：智慧物流业务运营

智慧物流业务运营是一个综合、高效且依赖先进技术的过程。

1. 智慧物流业务运营的关键步骤

(1) 数据收集与分析

智慧物流利用物联网技术，实时收集物流过程中的数据，如货物位置、状态、运输轨迹等，并应用大数据分析技术，对收集到的数据进行深度挖掘，以预测市场需求、优化运输路线。

(2) 智慧决策与优化

智慧物流借助人工智能技术，如机器学习、深度学习等，实现自动化决策和优化。通过对历史数据的分析，智慧系统可以预测未来趋势，从而优化库存管理、配送计划等。

(3) 实时监控与管理

智慧物流通过物联网技术，实时监控物流过程中的各个环节，确保货物安全，提高运输效率；利用云计算技术，提供强大的数据处理和存储能力，实现实时监控和管理。

(4) 客户服务与体验

智慧物流提供多样化的运输方式，满足不同货物的运输需求，实现实时货物追踪与反馈，提升客户体验。

2. 智慧物流业务运营领域

(1) 运输管理

智慧物流通过物流车辆管理系统对运输车辆及货物进行实时监控，实现车辆及货物的实时定位跟踪，监测货物的状态及温湿度情况，同时监测运输车辆的速度、油耗等行驶行为，提高运输效率、降低运输成本。利用 GPS、传感器等实现对车辆的实时监控和管理，同时还可以通过交通预测、天气预测等技术，实现路线优化。

(2) 仓储管理

智慧物流利用物联网技术构建智慧仓储管理系统，提高货物进出效率、扩大储存容量、减少人工成本，并实时显示、监控货物进出情况，提高交货准确率。同时，通过数据分析优化库存管理，减少库存积压，提高资金周转率。

(3) 配送管理

智慧物流借助智慧算法和大数据分析，优化配送路线和配送时间，提高配送效率和客户满意度。同时，通过智能快件箱等终端设备，实现快递的无人化、自助化配送，提升配送服务的便捷性和灵活性。

（4）信息服务

智慧物流利用云计算和大数据技术，整合物流信息资源，为物流企业和客户提供全面的信息服务，包括物流跟踪查询、数据分析报告、市场趋势预测等，帮助物流企业优化运营决策，提升市场竞争力。

任务执行

步骤 1：以项目组为单位，通过网络搜索或查阅图书等方式查找智慧物流业务的资料和相关视频，归纳总结智慧物流业务的分类和特点，将结果填入表 1-5。

表 1-5　智慧物流业务一览表

序号	名称	视频链接	分类	特点
1	智慧仓储			
2	智慧运输			
3	智慧配送			
4	智慧物流信息化			
5	智慧供应链管理			

步骤 2：各项目组制作关于智慧物流业务的 PPT 并上台分享。

任务评价

在完成上述任务后，教师组织三方评价，完成表 1-6 的填写（满分 10 分，评价标准明细项目分值由教师根据培养目标和学情分析自行确定），并对学生任务执行情况进行点评。

表 1-6　任务评价表

<table>
<tr><td>班级</td><td></td><td>项目组名称</td><td colspan="4"></td></tr>
<tr><td>组长</td><td></td><td>成员</td><td colspan="4"></td></tr>
<tr><td>评价要素</td><td>评价标准</td><td>评价依据</td><td>个人（10%）</td><td>项目组（30%）</td><td>教师（60%）</td><td>权重</td></tr>
<tr><td>知识</td><td>（1）熟悉智慧物流业务。
（2）熟悉智慧物流业务的分类和特点</td><td>表 1-5 填写情况</td><td></td><td></td><td></td><td>40%</td></tr>
</table>

续表

评价要素	评价标准	评价依据	个人（10%）	项目组（30%）	教师（60%）	权重
能力	（1）识别智慧物流业务。 （2）表述智慧物流业务的分类和特点。 （3）表述智慧物流业务运营步骤。 （4）表述智慧物流业务运营领域	PPT 制作情况和上台分享情况				40%
素养	（1）遵守课堂管理规定。 （2）按时完成学习任务。 （3）有吃苦耐劳、团结协作的精神。 （4）服从管理，文明操作。 （5）有组织研讨的能力。 （6）学习积极主动、勤学好问	（1）考勤。 （2）课堂表现				20%

02

PROJ

项目二 智慧仓储

◎知识目标

- 了解智慧入库的基本概念、流程与注意事项。
- 了解智慧在库管理的基本概念和技术。
- 熟悉智慧在库管理作业环节与注意事项。
- 了解智慧出库业务的基本概念。
- 了解智慧出库流程与注意事项。

◎能力目标

- 能够识别常见的智慧仓储设备。
- 具有创新思维。
- 能够团队协作。

◎思政目标

- 增强环保意识。
- 强化社会责任感。
- 树立职业道德，培养职业精神。

知识图谱

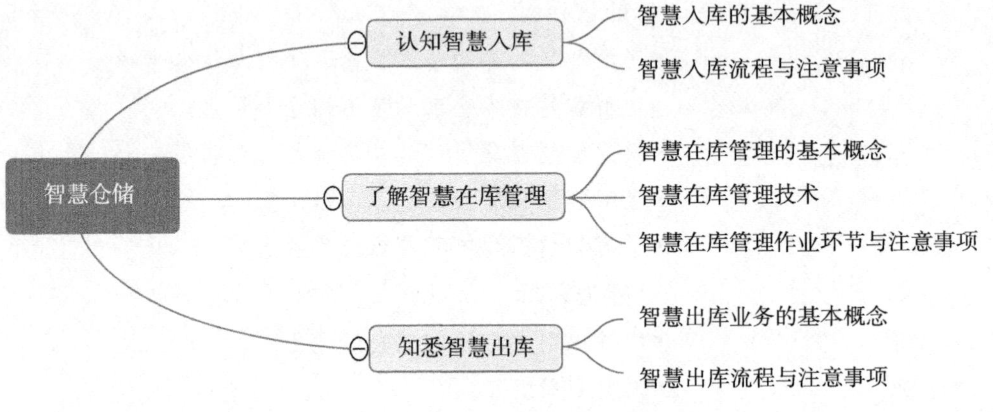
智慧仓储
认知智慧入库
智慧入库的基本概念
智慧入库流程与注意事项
了解智慧在库管理
智慧在库管理的基本概念
智慧在库管理技术
智慧在库管理作业环节与注意事项
知悉智慧出库
智慧出库业务的基本概念
智慧出库流程与注意事项

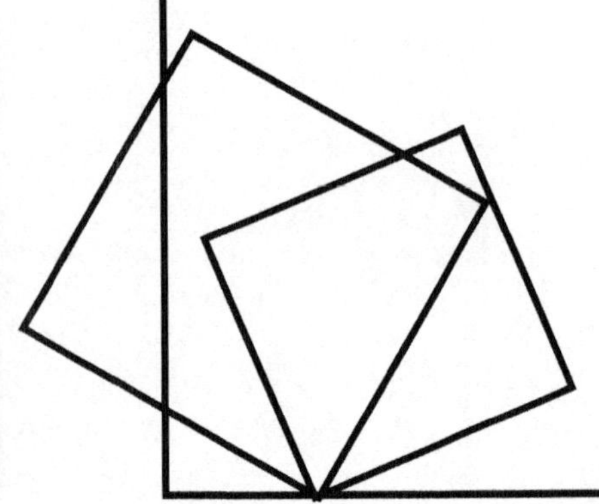

岗位分析

岗位1：智慧仓库管理员

• **岗位职责**：熟练使用智慧仓储管理系统完成智慧入库管理、智慧在库管理、智慧出库管理。优化库存管理，确保库存数据准确，做好安全管理和环境管理。

• **典型工作任务**：智慧入库管理、智慧在库管理、智慧出库管理、智慧仓储库存管理与优化、智慧仓储安全与环保管理。

• **职业素质**：具备智慧仓储专业知识与技能，具有责任意识、安全意识、服务意识、学习意识、整体意识。

• **职业能力**：组织与协调能力、沟通与团队合作能力、抗压与应变能力、安全管理与风险防范能力、数据分析能力。

• **可持续发展能力**：持续学习的能力与创新能力。

岗位2：智慧仓库拣货员

• **岗位职责**：（1）根据系统下发的订单信息，快速准确地前往指定位置拣选商品。

（2）在拣选过程中，仔细核对商品的种类、数量、规格等，确保与订单要求一致。

（3）拣选完成后，将商品打包，并进行复核，确保无误。

（4）及时将拣货信息录入系统，更新库存数据。负责拣货工具的维护与管理，确保设备正常运行。

（5）与其他仓库员工保持良好沟通，协同完成拣货任务。

• **典型工作任务**：接收订单并分析拣货任务、拣选货品、打包与复核、信息录入与更新。

• **职业素质**：有拣选设备操作经验，具有良好的身体素质与耐力，有效率意识、沟通意识、协作意识、服务意识、安全意识，能够规范操作。

• **职业能力**：具备较强的智慧拣选设备操作技能及丰富的应用经验，具有较强的沟通能力、一定的技术素养、持续的学习能力及灵活的应变能力。

• **可持续发展能力**：持续学习的能力与抗压能力。

岗位3：智慧仓储设备维护员

• **岗位职责**：（1）对设备进行定期巡检、故障处理、维护保养。

（2）制订预防性计划与保养计划。

（3）软件系统维护与数据管理。

（4）安全检查与隐患排查。

（5）人员培训与技术支持。

（6）设备管理与台账更新。

• **典型工作任务：** 设备定期巡检、设备日常维护、设备故障处理、软件系统升级、安全检查、应急演练。

• **职业素质：** 具备扎实的智慧仓储设备维护知识和技能，具有安全意识、法规意识、团队协作意识、学习意识。

• **职业能力：** 智慧仓储系统管理与维护能力、数据处理与分析能力。

• **可持续发展能力：** 持续学习的能力与创新能力。

项目导读

智慧仓储是工业 4.0 的核心组成部分，利用物联网、AI、大数据等先进技术，重构仓储流程，降低人力成本，提升仓储效率与供应链的整体运作能力。该项目旨在通过数字化、自动化和智能化手段，实现仓储管理的全面升级。

随着国内数字化建设的不断升级，仓储场景进入更高层级的数字化建设时代。国家政策大力支持智慧物流仓储行业的发展，为其提供了良好的外部环境。现代物流发展规划强调物流与生产、消费的高度集成，智慧仓储作为关键一环，对于实现这一目标至关重要。

智慧仓储可以提高仓储作业的自动化、智能化水平，降低人工成本。通过数据分析和预测，可以优化库存结构，降低库存成本，提高资金周转率。企业应积极从传统仓储向现代化、智能化仓储转型升级，提升企业整体竞争力。智慧仓储可实现仓储环境的实时监控和智能调控，如温湿度控制、安全监控等。利用自动化立体仓库、无人搬运车、机器人等设备，提高仓储作业的效率和准确性。对仓储数据进行深度挖掘和分析，预测货物需求，优化库存结构。利用定位技术，可以实现对仓库内物品和人员的实时、高精度定位。

智慧仓储使仓储作业效率显著提升，人力成本大幅降低，库存管理水平提高，库存成本降低，资金周转率提升，供应链整体运作能力增强，企业竞争力显著提升。

智慧仓储是现代物流发展的重要趋势之一，对于提升仓储管理水平、降低运营成本、增强企业竞争力具有重要意义。

任务一　认知智慧入库

任务描述

子任务 1：学生以项目组为单位，通过网络搜索或查阅图书等方式结合学习内容识别智慧入库操作流程。

子任务 2：根据查找到的资料归纳总结智慧入库操作的注意事项。

子任务 3：每个项目组将所收集到的资料整理制作成汇报 PPT，并推荐同学做分享汇报。

岗前培训

✣ 岗前培训 1：智慧入库的基本概念

1. 智慧入库的定义

智慧入库指运用现代信息技术手段，如物联网、大数据、云计算、人工智能等，利用先进的识别技术（如 RFID、条码识别等）、自动化设备（如 AGV、机器人等）及智能算法，对入库货物进行快速、准确的识别、分类、储存和记录，对入库过程进行智能化管理和优化，实现货物入库过程的自动化、信息化和高效化。智慧入库能够显著提升入库效率和准确性，降低错误率和仓储成本。

2. 智慧入库系统的构成

智慧入库系统包括智慧入库自动化数据采集、智慧入库智能分配库位储位、智慧入库自动化入库操作、智慧入库实时库存监控等。

（1）智慧入库自动化数据采集

智慧入库自动化数据采集指利用物联网、RFID、条码等技术，在入库作业过程中自动读取、记录和处理相关数据信息，如货物信息、数量、位置等，以实现入库作业的智能化、自动化和精细化管理。这一技术的应用可以显著提高入库效率，降低人工错误率，优化库存管理，并为企业决策提供有力的数据支持。

①技术基础。

RFID 技术通过无线射频信号自动识别目标对象并获取相关数据，无须人工干预。在入库过程中，RFID 标签可以附着在货物或包装上，通过 RFID 读写器自动读取标签信息，实现货物的快速识别和入库登记。

条码是一种常用的数据编码方式，通过扫描条码可以快速获取货物的基本信息。入库时，工作人员可以使用条码扫描枪扫描货物上的条码，将货物信息录入系统。

物联网传感器可以实时监测仓库内的环境参数（如温度、湿度等）和货物状态（如位置、数量等），并将数据实时传输至系统进行处理和分析。这有助于企业实现对仓库环境的精准控制和对货物状态的实时监控。

②实施步骤。

明确企业入库作业的具体需求和目标，如提高入库效率、降低错误率等。

根据需求分析结果，设计适合企业实际情况的智慧入库自动化数据采集系统，并进行系统部署和配置。

选择合适的 RFID 读写器、条码扫描枪、物联网传感器等设备，并进行安装调试。

将采集到的数据集成到企业现有的仓储管理系统中，并进行数据清洗、转换和存储等操作。

对系统进行全面测试，确保各项功能正常运行，并根据测试结果进行优化调整。

③应用效果。

智慧入库自动化数据采集可以大幅缩短入库作业时间，提高入库效率。

通过自动化识别和记录，可以减少人工干预和错误操作，降低错误率。

实时采集的数据可以帮助企业更准确地掌握库存情况，优化库存管理策略。

准确、及时的数据可以为企业决策提供有力的支持，助力企业实现精细化管理。

智慧入库自动化数据采集是现代仓储和物流领域的重要应用之一，它通过先进的技术手段实现入库作业的智能化、自动化和精细化管理，为企业带来显著的经济效益和社会效益。通过 RFID、条码、传感器等，自动采集入库货物的信息，如品种、数量、批次等，确保数据的准确性和实时性。

（2）智慧入库智能分配库位储位

根据货物的属性（如大小、重量、保质期等）和仓库的储存情况，智能算法会自动为货物分配最优的库位储位，以提高仓库的储存效率和空间利用率。

智慧入库智能分配库位储位是现代仓储管理中的一项重要技术，货物入库时，它利用物联网、大数据、人工智能等先进技术，实现库位储位分配的自动化、智能化，以提高仓储效率、降低运营成本并优化库存管理。

①技术基础。

通过 RFID、传感器等，实时采集货物信息和仓库环境参数，为智能分配库位储位提供数据支持。

利用大数据分析技术，对采集到的数据进行处理和分析，识别出货物储存的规律和趋势，为库位储位分配提供决策依据。

运用人工智能算法，如机器学习、优化算法等，对库位储位进行智能分配，确保货物能够按照最优的方式储存，提高仓库的利用率和出入库效率。

②实施步骤。

明确企业仓储管理的具体需求和目标，如提高仓库利用率、降低运营成本、优化出入库流程等。

根据需求分析结果，设计适合企业实际情况的智慧入库智能分配库位储位系统，并进行系统部署和配置。

通过物联网设备采集货物信息和仓库环境参数，并将数据集成到系统中进行处理和分析。

运用人工智能算法对库位储位进行智能分配，确保货物能够按照最优的方式储存。分配过程中会考虑货物的属性（如大小、重量、保质期等）、仓库的布局、出入库频率等因素。

系统生成库位储位分配指令后，仓库作业人员根据指令将货物存放到指定库位储位。同时，系统会对库位分配的执行情况进行实时监控，确保分配的准确性和有效性。

③应用效果。

通过智能分配库位储位，可以充分利用仓库空间，提高仓库的利用率和储存能力。

减少人工干预和错误操作，降低人力成本和运营成本。同时，优化库存管理策略，减少库存积压和浪费。

货物按照最优方式储存，可以缩短出入库时间，提高出入库效率。

通过提高仓储效率和准确性，可以更好地满足客户需求，提升客户满意度和忠诚度。

目前，许多企业已经开始采用智慧入库智能分配库位储位技术来提升仓储管理水平。未来，智慧入库智能分配库位储位技术将更加智能化、自动化和精细化，为企业带来更大的经济效益和社会效益。

（3）智慧入库自动化入库操作

在货物到达仓库后，自动化设备（如 AGV、堆垛机等）会根据系统指令，将货物运送到指定的库位存放，减少人工干预，提高入库速度和准确性。

智慧入库自动化入库操作是现代仓储管理中的重要环节，它利用物联网、自动化设备和智能系统等技术手段，实现货物入库过程的自动化、智能化和高效化。

①技术基础。

采用物联网技术，通过 RFID、传感器等物联网设备，实时采集货物信息和仓库环境参数，为自动化入库提供数据支持。

使用自动化设备，如 AGV、堆垛机、输送线等，能够自动完成货物的搬运、堆垛和储存等操作。

应用智能系统，包括仓库管理系统（WMS）、自动化控制系统（ACS）等，能够实现对入库过程的智能调度、监控和管理。

②实施步骤。

系统接收来自上游系统［如企业资源计划（ERP）系统、供应链管理（SCM）系统等］的入库请求，包括货物名称、数量、预计到达时间等。

根据入库请求，系统自动分配库位和储位，并生成入库任务单。自动化设备（如AGV、堆垛机）进入待命状态，准备执行入库任务。

货物到达仓库后，通过RFID、条码扫描等方式自动识别货物信息。系统核对货物信息与入库请求是否一致，确保货物准确无误。

自动化设备（如AGV、堆垛机）根据入库任务单和货物信息，自动将货物搬运至指定库位和储位。在搬运过程中，系统实时监控搬运状态，确保搬运过程安全、高效。

货物成功储存后，系统自动更新库存信息，并生成入库记录。入库记录包括货物名称、数量、储存位置、入库时间等信息，可供后续查询和管理。

在入库过程中，如遇到异常情况（如货物损坏、数量不符等），系统将自动报警并提示处理。仓库管理人员根据系统提示进行异常处理，确保入库过程顺利进行。

③应用效果。

自动化设备和智能系统的应用效果主要体现在以下几个方面。

a. 大幅缩短了入库时间，提高了入库效率。

b. 减少了人工搬运和记录的工作量，降低了人力成本。

c. 通过自动识别和智能调度，减少了人为错误和疏漏，提高了入库准确率。

d. 实时更新的库存信息帮助企业更好地掌握库存情况，优化库存管理策略。

e. 高效的入库操作有助于缩短订单处理时间，提升客户满意度。

智慧入库自动化入库操作是现代仓储管理的重要趋势之一，它将为企业带来更高的效率、更低的成本和更好的客户体验。

（4）智慧入库实时库存监控

通过物联网技术，智慧入库系统可以实时监控仓库的库存情况，包括货物的数量、位置、状态等，为企业的库存管理和决策提供有力支持。

3. 智慧入库步骤

（1）系统准备与初始化

①系统选择与部署。

选择合适的WMS或相关软件，确保其具备物联网集成、自动化控制、数据分析和智能调度等功能。部署系统到服务器或云端，进行必要的软件安装和配置。

②硬件准备。

采购并安装必要的物联网设备，如RFID读写器、条码扫描枪、传感器等，用于货物识别和环境监测。准备自动化搬运设备，如AGV、堆垛机、输送线等，用于货物的自动搬运和储存。

③数据初始化。

录入仓库的基础信息，如库位划分、货架布局、货物分类等。设置系统参数，如入库规则、库存预警阈值等。

（2）入库申请与预处理

①入库申请接收。

系统接收来自上游系统（如 ERP、SCM 等）的入库申请，包括货物名称、数量、预计到达时间等。

②入库准备。

根据入库申请，系统自动分配库位和储位，并生成入库任务单。通知仓库管理人员和自动化设备进入待命状态，准备执行入库任务。

（3）货物接收与识别

①货物到达与登记。

货物到达仓库后，进行基本信息登记，如货物名称、数量、规格等。

②自动识别

利用 RFID、条码识别技术，对货物进行自动识别，获取货物的详细信息。系统核对货物信息与入库申请是否一致，确保货物准确无误。

（4）自动化搬运与储存

①路径规划。

系统根据入库任务单和仓库布局，规划自动化搬运设备的行驶路径。

②自动搬运。

自动化搬运设备（如 AGV、堆垛机等）按照规划路径，自动将货物搬运至指定库位和储位。在搬运过程中，系统实时监控搬运状态，确保搬运过程安全、高效。

（5）入库确认与记录

①入库确认。

货物成功储存后，系统自动更新库存信息，并生成入库记录。仓库管理人员或系统自动进行入库确认，确保入库操作完成。

②数据记录。

入库记录内容包括货物名称、数量、储存位置、入库时间等信息，可供后续查询和管理。

（6）异常处理与报警

①异常检测。

系统实时监控入库过程中的异常情况，如货物损坏、数量不符、设备故障等。

②报警与处理。

一旦发现异常情况，系统立即发出报警提示，并通知仓库管理人员进行处理。仓库管理人员根据系统提示进行异常处理，确保入库过程顺利进行。

（7）持续优化与改进

①数据分析。

系统定期或实时对入库数据进行统计分析，识别库存变化的规律和趋势。

②策略优化。

根据数据分析结果，优化入库策略、库存预警机制等，提高库存管理的效率和准确性。

③系统升级。

关注行业动态和技术发展，定期对智慧仓储管理系统进行升级和维护，确保其稳定性和先进性。

通过以上步骤，能够实现货物的快速、准确、自动化入库，提高仓库管理效率和库存准确性，为企业带来运营效益和竞争力。

4. 智慧入库的优势与价值

（1）优势

①自动化与高效性。

智慧入库通过集成自动化设备（如 AGV、堆垛机、自动化输送线等）和物联网技术，实现了货物的自动识别、搬运和储存，显著提高了入库作业的自动化程度和效率。减少了人工参与，降低了人为错误和疏漏的可能性，同时加快了入库速度，缩短了订单响应时间。

②实时性与准确性。

智慧入库系统能够实时监控货物的入库过程，确保货物信息的实时更新和准确性。通过 RFID、条码等识别技术，系统能够精确识别货物信息，避免传统入库方式中可能出现的货物混淆和错误。

③智能化调度与优化。

系统能够根据仓库布局、库存状态、设备能力等因素，自动进行入库路径规划和储位分配，优化资源利用和作业流程。通过数据分析和预测，系统还能提前发现潜在问题并采取措施，确保入库作业的顺利进行。

④降低成本。

自动化和智能化的入库作业减少了人力成本和时间成本，提高了仓库的运营效率。同时，通过精确控制库存水平和优化储存策略，还能降低库存成本和资金占用成本。

⑤提升客户满意度。

智慧入库系统能够快速响应客户需求，缩短订单处理时间，提高客户满意度。

通过实时库存监控和预警功能，系统还能及时通知客户订单状态和库存情况，增强客户信任度和忠诚度。

（2）价值

①提升仓库管理水平。

智慧入库系统的应用标志着仓库管理向智能化、自动化方向迈进了一大步。通过实时监控、数据分析等功能，系统为仓库管理人员提供了更加全面、准确的信息支持，有助于提升仓库管理的精细化水平和决策能力。

②优化供应链协同。

智慧入库系统能够与企业的 ERP、SCM 等信息系统无缝衔接，实现供应链上下游数据的实时共享和联动。这有助于优化供应链协同效率，提高整体供应链的响应速度和灵活性。

③推动数字化转型。

智慧入库系统的应用是企业数字化转型的重要组成部分。通过引入先进的信息技术和自动化设备，企业能够逐步实现仓储作业的数字化、网络化和智能化转型，提升整体运营效率和竞争力。

④促进可持续发展。

智慧入库系统通过优化库存管理和资源利用，降低了能源消耗和废弃物产生量，有助于实现企业的绿色发展和可持续发展目标。

智慧入库以其自动化、高效性、实时性、准确性等优势为企业带来了显著的价值提升和竞争优势。随着技术的不断进步和应用场景的不断拓展，智慧入库将在未来发挥更加重要的作用。智慧入库是现代仓储物流领域的一项重要技术革新，它通过智能化手段实现了入库过程的自动化、信息化和高效化，为企业的仓储管理带来了显著的效益提升。

✣ 岗前培训 2：智慧入库流程与注意事项

1. 智慧入库流程

智慧入库流程是一个高度自动化和智能化的过程，它利用现代信息技术手段来优化和提升传统入库流程的效率与准确性。

（1）预约与准备

供应商或发货方提前向仓库系统提交入库预约，包括预计到达时间、货物名称、数量等信息。仓库根据预约信息提前准备，如分配库位、调度搬运设备等。

（2）货物到达与初步检查

货物到达仓库后，首先进行初步检查，确认货物数量、外包装是否完好等。使用 RFID 读写器、条码扫描枪等快速扫描货物标签，获取货物信息，进行货物信息登记，包括货物名称、数量、规格、批次、生产日期、保质期等关键信息。在货物信息登记过程中，要确保信息的准确性和完整性。任何错误或遗漏都可能导致后续储存和管理的混乱。

（3）智能识别与分类

通过智能识别系统（如 RFID 读写器、条码扫描枪、图像识别摄像头等）对货物进行自动识别，获取货物的详细信息。系统根据读取的信息对货物进行智能分类，确定其应归属的库位储位，为后续储存做准备。

（4）库位储位分配与优化

智慧入库管理系统根据货物的属性（如大小、重量、保质期等）和仓库的实际情况（如库位储位空闲情况、储存要求等），为货物分配最优的库位储位。使用智能算法进行库位储位优化，以提高仓库的空间利用率和出入库效率。

（5）自动化搬运与储存

利用自动化搬运设备（如 AGV、堆垛机等）将货物从入库区搬运至指定的储存货位。搬运过程中，设备会根据预设的路径和速度行驶，确保搬运安全、高效。

（6）库存更新与记录

系统自动更新库存信息，将货物的入库时间、储存位置、数量等信息记录到仓储管理系统中。生成相应的入库单据和报表，供后续查询和管理使用。

（7）质量检查与异常处理

在入库过程中或入库后，对货物进行质量检查，确保货物符合质量要求。如发现异常情况（如货物损坏、数量不符等），及时进行处理并记录。

（8）通知与反馈

入库完成后，向供应商或发货方发送入库通知，告知入库情况和相关信息。同时，向仓库管理人员提供入库反馈，以便进行后续的管理和优化工作。

整个智慧入库流程实现了从货物到达、识别、分类、搬运、储存到库存更新和反馈的全程自动化和智能化管理，大大提高了入库效率和准确性，降低了人力成本和错误率。

2. 智慧入库注意事项

（1）货物信息准确

在整个入库过程中，确保货物信息的准确性至关重要。这包括货物名称、数量、规格、批次、生产日期、保质期等关键信息的准确录入和识别。

（2）定期实施设备维护

智慧入库依赖于各种智能设备和系统，如 RFID 读写器、条码扫描枪、图像识别摄像头、AGV、机器人等。因此，需要定期对这些设备进行维护和检查，确保其正常运行和准确识别。一旦发现故障或异常，应及时维修或更换。

（3）库位储位管理

库位储位管理是智慧入库的重要环节。需要合理进行仓库布局规划和库位储位分配，确保货物的储存安全和出入库方便。同时，要定期对库位储位进行清理和整理，避免货物积压和混乱。对于特殊货物，如易燃、易爆、易腐货物等，需要设置专门的储存区域，并采取相应的安全措施。

（4）安全操作

在搬运和储存过程中，要严格遵守安全操作规程，确保人员和设备的安全。特别是对于重型货物或大型设备，需要使用专业的搬运工具和设备，并注意货物的稳定性和平衡性。同时，要关注仓库的消防安全和环境卫生，确保仓库的整洁和安全。

（5）备份与安全

智慧入库涉及大量的数据交换和存储，因此要确保数据的安全性和可追溯性。定期对仓储管理系统的数据进行备份和存储，以防数据丢失或损坏。同时，要加强系统的安全防护措施，防止黑客攻击和数据泄露等安全事件的发生。

（6）人员培训

智慧入库需要专业的操作人员和技术支持人员。因此，要对相关人员进行系统的培训和考核，确保其熟练掌握智能设备和系统的操作方法和注意事项。同时，要建立有效的沟通机制，及时解决操作过程中遇到的问题和困难。

（7）流程优化与持续改进

智慧入库是一个不断发展和完善的过程。需要定期对入库流程进行评估和优化，找出存在的问题和瓶颈，并采取相应的改进措施。同时，要关注新技术和新方法的发展动态，及时引入和应用到入库流程中，以不断提高入库效率和准确性。

任务执行

步骤 1：以项目组为单位，通过网络搜索或查阅图书等方式查找智慧入库技术、流程、注意事项的图片、视频，归纳总结，将结果填入表 2-1。

表 2-1　智慧入库技术、流程、注意事项一览表

图片序号	名称	图片	视频链接	提炼小结	备注
1	智慧入库技术				
2	智慧入库流程				
3	智慧入库注意事项				

步骤 2：各项目组制作关于智慧入库技术、流程、注意事项的 PPT 并上台分享。

任务评价

在完成上述任务后，教师组织三方评价，完成表 2-2 的填写（满分 10 分，评价标准明细项目分值由教师根据培养目标和学情分析自行确定），并对学生任务执行情况进行点评。

表 2-2　　任务评价表

班级		项目组名称				
组长		成员				
评价要素	评价标准	评价依据	个人（10%）	项目组（30%）	教师（60%）	权重
知识	（1）熟悉智慧入库技术。 （2）熟悉智慧入库流程和注意事项	表 2-1 填写情况				40%
能力	（1）识别智慧入库技术。 （2）智慧入库技术、智慧入库流程、注意事项的总结与应用	PPT 制作情况和上台分享情况				40%
素养	（1）遵守课堂管理规定。 （2）按时完成学习任务。 （3）有吃苦耐劳、团结协作的精神。 （4）服从管理，文明操作。 （5）有组织研讨的能力。 （6）学习积极主动、勤学好问	（1）考勤。 （2）课堂表现				20%

任务二　了解智慧在库管理

任务描述

子任务1：学生以项目组为单位，通过网络搜索或查阅图书等方式结合学习内容了解智慧在库管理的基本概念。

子任务2：根据查找到的资料归纳总结智慧在库管理技术的性能和应用。

子任务3：每个项目组将所收集到的资料整理制作成汇报PPT，并推荐同学做分享汇报。

岗前培训

✣ 岗前培训1：智慧在库管理的基本概念

1. 智慧在库管理的定义与目的

智慧在库管理指通过应用物联网、大数据、云计算、人工智能等现代信息技术，对仓储过程中的货物、设备、人员等进行全面感知、实时监控、智能分析和精准管理，从而实现仓储作业的自动化、信息化和智能化的过程。

智慧在库管理的目的是提高仓储效率，降低运营成本，提升服务质量，增强企业竞争力。

2. 智慧在库管理核心技术

（1）物联网技术

物联网技术通过RFID、传感器等设备，实现对仓储过程中货物的实时跟踪和监控。

（2）大数据技术

大数据技术可对仓储过程中的海量数据进行收集、处理和分析，为决策提供数据支持。

（3）云计算技术

云计算技术提供强大的计算和存储能力，支持仓储管理系统的稳定运行和高效运作。

（4）人工智能技术

人工智能技术包括机器学习、深度学习等，可实现仓储作业的自主决策和优化。

3. 智慧在库管理主要环节

（1）储存管理

储存管理环节利用物联网技术实时监控货物的储存状态（如温度、湿度、位置等）。根据货物的属性和储存要求，进行科学合理的储存布局。定期进行库存盘点，确保账实相符。

储存管理环节是智慧在库管理的核心部分，它涉及货物的安全存放、高效利用及库存的精准控制。

①库位规划与分配。

智慧在库管理利用先进的算法和数据分析工具，根据货物的属性（如尺寸、重量、保质期等）和仓库的物理条件（如货架布局、承重限制等），智能规划库位。

智慧在库管理根据实时库存情况和入库计划，动态调整库位分配，确保货物能够存放在最合适的位置，便于存取和管理。

②货物储存与监控。

通过 RFID、条码识别技术等，对入库货物进行自动识别和信息录入，确保货物信息的准确性和完整性。

利用物联网技术，在仓库内部署传感器、摄像头等设备，实时监控货物的储存状态、环境参数（如温度、湿度）及仓库的安全情况。

当系统检测到异常情况（如货物移位、环境参数超标、设备故障等）时，会自动触发报警机制，及时通知仓库管理人员进行处理。

③库存管理与优化。

通过实时数据更新和智能分析，系统能够准确反映当前库存情况，包括货物数量、位置、状态等信息。

根据预设的库存阈值和业务需求，系统自动生成库存预警信息，提醒仓库管理人员及时补货或调整库存策略。

结合销售预测、生产计划等因素，系统能够制定科学合理的库存优化方案，降低库存成本，提高库存周转率。

④货物追溯与安全管理。

通过记录货物的入库、储存、出库等全链条信息，实现货物的全程追溯，确保货物来源清晰、去向明确。

加强仓库的安全管理，包括防火、防盗、防潮等措施，确保货物的安全存放。同时，通过人脸识别、指纹识别等技术对仓库人员进行身份验证和权限控制，提高仓库的安全级别。

智慧在库管理中的储存管理环节通过智能规划、自动识别、实时监控、精准库存、数据核查及全程追溯等手段，实现了货物的安全存放、高效利用和精准控制，为企业提供了更加高效、智能的仓储管理服务。

（2）盘点管理

盘点管理中，通过智能盘点设备（如 RFID 盘点车、无人机等）进行快速盘点，实时更新库存数据，减少人为错误和遗漏。

智慧仓储管理中的盘点管理环节是确保库存数据准确性、优化库存管理和提升运营效率的关键环节。

①盘点准备。

在进行盘点之前，需要对系统中的数据进行整理，确保商品信息、库存数量、入库记录、出库记录等数据的准确性和完整性。

盘点工作需要多人协作完成，包括系统管理员、盘点员、复核员等。系统管理员负责后台操作，确保盘点工作的顺利进行；盘点员负责实际的盘点工作；复核员负责对盘点结果进行审核，确保准确性。

根据盘点需求，准备相应的盘点工具，如条码扫描枪、RFID 读写器等，以提高盘点效率和准确性。

②盘点执行。

在智慧仓储管理系统中，进入“库存管理”或“盘点管理”模块，开启盘点功能，并生成唯一的盘点单号。

根据实际情况，从系统中选择需要盘点的商品类别、仓库区域等信息，系统会根据所选范围自动筛选相关数据。

盘点员使用系统提供的盘点工具，对实际库存进行扫描或录入，记录商品的数量和位置信息。系统会根据录入的数据实时更新库存数量。

盘点过程中，盘点员需要定期核对录入的数据与实际库存情况，确保数据的准确性。如发现数据不一致，需及时进行调整并通知相关人员。

③盘点审核与结束。

当所有商品盘点完毕后，盘点员将盘点结果提交给复核员进行审核。复核员会仔细核对盘点数据，确保其准确性。

如发现盘点结果与系统记录存在差异，需及时查明原因并进行处理。这些差异可能是录入错误、库存移动未及时更新等原因导致的。

在复核无误后，系统会自动更新库存数据，并生成盘点报告。盘点报告会详细记录本次盘点的过程和结果，包括盘点时间、盘点人员、盘点范围、盘点结果等信息。

④盘点后续工作。

对盘点结果进行深入分析，了解库存状况、库存周转率、库存成本等关键指标，为后续的库存管理和优化提供依据。

根据盘点结果，对库存管理策略进行优化，如调整库存结构、优化库存布局、提高库存周转率等。

总结盘点过程中的经验和教训，不断完善盘点流程和制度，提高盘点效率和准确性。

智慧仓储管理中的盘点管理环节通过盘点准备（数据整理、人员安排、工具准备）、盘点执行、盘点审核与结束及盘点后续工作等步骤，实现了对库存数据的全面盘点和准确管理，为企业提供了更加高效、智能的仓储管理服务。

4. 智慧在库管理的特点

（1）自动化作业

智慧在库管理通过集成自动化设备，如自动化立体仓库、AGV、机械臂等，实现货物的自动储存、拣选、包装和发货等作业，显著提高作业效率，减少人工参与带来的错误和损耗。

（2）实时库存管理

智慧在库管理能够实时监控仓库内所有货品的进出动态，精确反映库存状态，避免库存过高导致的资金占用过多或库存过低导致的缺货风险。同时，利用条码、RFID 等识别技术，实现库存商品的快速、准确盘存。

（3）智能调度与优化

智慧在库管理通过高级算法进行数据深度分析，能根据订单需求、库存分布、设备能力等因素，动态优化作业路径和资源分配，提高仓库作业效率，缩短订单响应时间，提升客户满意度。

（4）预警与决策支持

智慧仓储系统具备实时预警功能，能够及时发现潜在的库存短缺、临期产品、设备故障等问题，为管理人员提供决策依据，确保仓库运营顺畅。同时，该系统通过数据分析，可为企业提供合理的采购、补货建议。

（5）合规与安全管控

智慧仓储系统可确保企业严格遵守相关法规要求，如在药品、食品等行业，该系统可对产品保质期进行管理。同时，系统支持对仓库出入人员及其行为进行严格管控，确保仓库的安全运营。

（6）成本控制与资源节约

通过精确的库存管理、空间布局优化及高效的设备调度，智慧仓储系统能够有效降低库存成本、劳动力成本及能源消耗，实现企业仓储运营的降本增效。

（7）无缝集成与扩展性

智慧仓储系统通常具有良好的兼容性和扩展性，可与企业的 ERP、MES 等信息系统无缝衔接，实现供应链上下游数据的实时共享和联动，进一步提升整体运营效能。

（8）提升服务质量

智慧在库管理可以提高订单处理速度和准确率，提升客户满意度和服务质量。

（9）增强企业竞争力

智慧在库管理可以优化企业资源配置，提高企业响应速度和灵活性，增强市场竞争力。

智慧在库管理是一个集成应用现代信息技术和物联网技术的智能化管理系统，旨在提高仓储效率、降低成本、提升服务质量并增强企业竞争力。

✣ 岗前培训 2：智慧在库管理技术

智慧在库管理技术是指利用现代信息技术和物联网技术，对仓储过程中的货物、设备、人员等进行全面感知、实时监控、智能分析和精准管理，以提高仓储效率、降低成本、提升服务质量的一系列技术手段。

1. 物联网技术

物联网技术是一种将网络通信技术、传感技术和智能技术相结合的应用体系，主要包括 RFID 技术、传感器技术、智能机器人技术、数据分析与预测技术等。在智慧在库管理中，物联网通过这些技术手段实现对仓库内货品的实时感知、识别、定位和监控，从而提高仓储管理的效率和准确性。

（1）RFID 技术

①自动识别和定位。

RFID 标签被广泛应用于仓库管理中的货品识别和定位。为货品贴上 RFID 标签，利用 RFID 读写器读取标签信息，可以实现对货品的快速识别和实时跟踪。这大大减少了人工扫描条码的时间，提高了盘点和管理的效率。

②智能货架。

智能货架上配备 RFID 读写器、天线等设备，可以实时感知货架上的货品信息，包括数量、位置等。这有助于实现自动化的库存管理和盘点功能。

（2）传感器技术

①环境监测。

传感器可以实时监测仓库内的环境参数，如温度、湿度、光照等。这些数据对于需要特殊储存条件的货品来说至关重要，可以确保货品在最佳环境中保存，减少损失。

②安全监控。

通过安装传感器，还可以实现对仓库安全的监控。例如，烟雾传感器、红外传感器等可以及时发现火灾、入侵等异常情况，并触发报警系统。

（3）智能机器人技术

①自动化搬运和分拣。

智能搬运机器人和分拣机器人利用物联网技术实现自动化作业。它们可以通过 RFID 读写器识别货品信息，并按照预设的路径进行搬运和分拣，减少人工劳动，提高作业效率。

②智能调度。

通过物联网技术，可以实现多个机器人之间的协同作业和智能调度。中心调度服务器会根据仓库内的作业需求和机器人的状态，设计最优的调度方案，避免机器人之间的碰撞和冲突。

(4) 数据分析与预测技术

①库存优化。

物联网技术可以收集大量的仓库运营数据，通过数据分析可以发现库存管理中的问题和规律。利用机器学习算法对历史数据进行分析和预测，可以优化库存布局和采购策略，降低库存成本并提高库存周转率。

②问题诊断。

通过对数据的深入分析，还可以发现仓库运营中的潜在问题，如设备故障、流程瓶颈等。这有助于及时采取措施解决问题，提高仓库的整体运营效率。

物联网技术在智慧在库管理中发挥着重要作用，通过 RFID、传感器等设备，实现对仓储过程中货物的实时跟踪和监控。这些设备能够采集货物的位置、状态、环境等信息，并通过无线网络传输到管理系统。物联网技术使仓库内的设备和设施能够互联互通，实现数据的实时共享和协同作业。它不仅提高了仓储管理的效率和准确性，还降低了成本，提高了供应链的协同性。随着技术的不断发展，物联网技术在智慧在库管理中的应用前景将更加广阔。

2. 大数据技术

智慧在库管理中的大数据技术是一项关键技术，它通过对海量仓储数据的收集、处理和分析，为仓储管理者提供科学决策支持，优化仓储作业流程，提高作业效率，并降低成本。

大数据技术是指利用现代信息技术手段，对规模巨大、类型繁多、产生速度极快的数据进行采集、存储、处理和分析，以挖掘其中的价值信息，为决策提供有力支持的技术体系。在智慧在库管理中，大数据技术发挥着至关重要的作用。

(1) 实时数据采集与分析

大数据技术利用物联网等技术手段，实时采集仓库内的各种数据，包括库存信息、货品位置、作业状态等，通过大数据平台对数据进行实时处理和分析，及时发现异常情况，如库存短缺、设备故障等，为管理者提供预警信息。

(2) 库存优化与预测

利用大数据技术分析历史销售数据、市场需求等信息，可以对库存进行优化管理。例如，通过分析库存周转率、缺货率等指标，预测未来库存需求，合理安排采购计划，减少库存积压和资金占用。

(3) 作业流程优化

通过对作业流程中的各个环节进行数据采集和分析，发现瓶颈环节和效率低下的环节。根据大数据分析结果，可以对作业流程进行优化调整，提高作业效率，降低人力成本。

(4) 设备健康管理

利用大数据技术监测仓储设备的运行状态，如设备的故障率、维护周期等。通过数据分析预测设备故障的发生时间，提前进行维护和保养，降低设备故障对仓储作业的影响。

（5）决策支持

整合各种数据资源，为仓储管理者提供全面的数据支持。通过数据可视化技术将复杂的数据信息以直观、易懂的方式呈现给管理者，帮助管理者做出科学决策。

大数据技术在智慧在库管理中发挥着重要作用，能对仓储过程中的海量数据进行收集、处理和分析，发现数据背后的规律和趋势，为决策提供数据支持。通过大数据分析，可以优化库存结构，减少库存积压和缺货现象，提高库存周转率。随着技术的不断发展和应用的深入推广，大数据技术将为在库管理带来更多的创新和变革。

3. 云计算技术

云计算技术是一种基于互联网的计算方式，它允许企业或组织按需获取和使用计算资源（包括服务器、存储空间、数据库和应用软件等），无须自行建设和维护这些资源。云计算技术具有灵活性高、可扩展性强、成本效益好等优点，被广泛应用于各个领域，包括智慧在库管理。

智慧在库管理中的云计算技术是一项关键技术，它通过提供强大的计算和存储能力，支持仓储管理系统的稳定运行和高效运作。云计算技术使仓储管理系统能够灵活扩展，满足企业不断变化的业务需求，为仓储管理带来了诸多便利和优势。

①数据存储与管理。

云计算技术为智慧仓储提供了海量数据存储的能力，可以存储各种数据，包括库存信息、作业记录、设备状态等。通过云计算平台，仓储管理者可以方便地访问和管理这些数据，实现数据的集中化管理和共享。

②数据处理与分析。

云计算平台具备强大的数据处理和分析能力，可以对仓储数据进行深度挖掘和分析，发现数据中的规律和趋势。通过数据分析，仓储管理者可以优化库存管理策略、提高作业效率、预测市场需求等，为企业的决策提供有力支持。

③自动化与智能化。

云计算技术可以与物联网、人工智能等技术相结合，实现仓储作业的自动化和智能化。例如，通过云计算平台对物联网设备采集的数据进行分析和处理，可以实现对仓库内设备的远程监控和控制；通过引入人工智能技术，可以实现仓储作业的智能调度和优化。

④资源共享与协同。

云计算技术可以实现计算资源的共享和协同，使多个仓储系统共享一套计算资源和服务。这不仅降低了企业的成本，还提高了资源的利用率和系统的可扩展性。

云计算技术在智慧在库管理中发挥着重要作用。通过提供强大的数据存储、处理和分析能力，云计算技术为仓储管理者进行科学决策提供了支持，优化了仓储作业流程，提高了作业效率，并降低了成本。随着技术的不断发展和应用的深入推广，云计算技术将在智慧在库管理中发挥更加重要的作用。

4. 人工智能技术

人工智能技术涉及机器学习、深度学习、自然语言处理、计算机视觉等多个领域。在智慧在库管理中，人工智能技术通过模拟人类的感知、学习、推理和决策等能力，实现对仓储作业的智能化管理和优化。

机器学习、深度学习等技术可帮助企业实现仓储作业的自主决策和优化。例如，智能推荐系统可以根据历史数据和需求预测，为仓库管理人员提供合理的采购、储存和出库建议。人工智能还可以应用于图像识别、自然语言处理等领域，提高仓储作业的自动化和智能化水平。智慧在库管理中的人工智能技术是一项重要的创新应用，它通过模拟、延伸和扩展人的智能，实现了仓储作业的自动化、智能化和高效化。

①智能识别与追踪。

利用计算机视觉和图像识别技术，可对仓库内的货物进行自动识别和追踪。通过摄像头捕捉货物图像，利用深度学习算法对图像进行分析，可实现货物的精准定位和追踪，提高库存管理的准确性和效率。

②智能仓储管理系统（WMS）。

WMS 集成了人工智能技术，能够自动处理货物的入库、出库、库存管理等任务。通过实时数据分析和预测，可优化库存布局和补货策略，减少库存积压和缺货现象，提高仓库的储存效率和周转率。

③智能机器人与自动化设备。

引入智能机器人和自动化设备，可实现货物的自动搬运、分拣和堆码等作业。这些设备通过预设的程序和算法，能够自主导航、避障和执行任务，减少人力成本，提高作业效率和准确性。

④数据分析与预测。

利用大数据分析和机器学习技术，对仓储作业过程中的历史数据进行深入挖掘和分析。通过数据建模和预测分析，发现作业过程中的瓶颈，为仓储管理者提供决策支持。同时，还可以预测未来的库存需求和作业量，为仓储规划和资源配置提供依据。

⑤自然语言处理（NLP）。

通过 NLP 技术，可实现与仓储工作人员的语音交互和指令识别。工作人员发出语音输入指令，系统能够自动解析并执行相应任务，可提高仓储作业的便捷性和效率。

智慧在库管理是现代仓储管理的重要发展方向，它利用现代信息技术和物联网技术，实现了仓储过程的全面感知、实时监控、智能分析和精准管理，为企业带来了显著的经济效益和社会效益。

✣ 岗前培训 3：智慧在库管理作业环节与注意事项

1. 智慧在库管理作业环节

智慧在库管理作业环节主要涵盖智慧储存管理、智慧盘点、增值服务等多个方面，这些环节共同构成了智慧在库管理的核心作业流程。

（1）智慧储存管理

智慧储存管理是现代仓储物流领域的一项重要创新，它利用物联网、大数据、云计算、人工智能等现代信息技术，对货物的储存过程进行全面、精准、高效的管理。

①技术基础。

采用物联网技术，通过部署 RFID 标签、传感器、摄像头等物联网设备，实现对货物储存环境的实时监控和数据采集。这些设备能够收集货物的位置、状态、温度、湿度等关键信息，为管理决策提供数据支持。

利用大数据技术，对收集到的海量数据进行存储、处理和分析，挖掘数据背后的规律和趋势。通过对历史数据的分析，可以预测未来的库存需求，优化库存结构，降低库存成本。

使用云计算技术，提供强大的计算能力和存储能力，支持智慧仓储管理系统的稳定运行和快速响应。云计算技术使数据可以在云端进行集中处理和分析，提高了数据处理的效率和安全性。

应用人工智能技术，通过机器学习、自然语言处理等算法，实现智能调度、智能预测等功能。人工智能技术能够自动优化货物的储存位置、拣选路径等，提高储存管理的效率和准确性。

②核心功能。

通过物联网设备实时监测库存状态，包括货物的数量、位置、状态等。系统能够自动预警库存不足或过剩的情况，帮助管理人员及时采取措施。

根据订单信息，利用智能算法规划拣选路径，提高拣选效率和准确率。智能拣选系统能够自动分配拣选任务给合适的拣选人员或设备，减少等待时间和人力成本。

根据货物的储存需求和仓库的实际情况，智能调度搬运设备和人员，实现货物的快速存取和高效周转。

根据库存数据的分析结果，发现库存结构中的问题，如积压、短缺等，并制定相应的优化策略，如促销、调拨等，以提高库存周转率和降低库存成本。

通过传感器实时监测仓库内的温度、湿度等环境参数，确保货物储存环境的稳定性。系统能够自动调节仓库内的环境设备（如空调、加湿器等），保持适宜的储存环境。

利用大数据技术对历史库存数据进行深入分析，预测未来的库存需求变化。系统能够自动生成库存报告和分析图表，帮助管理人员了解库存状况并做出科学决策。

③应用优势。

自动化和智能化的管理手段减少了人工操作环节，提高了管理效率。系统能够自动完成货物的入库、出库、盘点等操作，减少人力成本和时间成本。

通过优化库存结构和减少库存积压，可以降低库存成本。同时，智能化的环境控制设备能够降低能耗和维护成本。

系统能快速响应客户需求，提高订单处理速度和准确率，从而提升客户满意度。系统能够实时跟踪订单状态并自动更新客户信息，增强客户体验。

实时、准确的数据支持使管理人员能够更加科学地制订库存策略和采购计划。通过数据分析和预测功能，管理人员能够及时了解市场变化并做出相应调整。

智慧储存管理提高了管理效率，降低了运营成本，提升了客户满意度。随着技术的不断发展和应用场景的不断拓展，智慧储存管理将在未来发挥更加重要的作用。

（2）智慧盘点

智慧盘点是现代仓储管理中的一项重要技术，它集成了物联网、大数据、云计算和人工智能等先进技术，实现了对仓储物资的高效、精准盘点。

①技术基础。

通过 RFID、条码、传感器等，实现对仓储物资的实时跟踪和数据采集，能够记录物资的入库、出库、移库等信息，并实时传输到管理系统中。利用 RFID 标签和读写器，实现对货物的非接触式识别和信息采集，提高盘点速度和准确性。通过扫描货物上的条码可以快速获取货物信息，该方式适用于多种场景下的盘点。利用摄像头和图像识别方法，对货物进行拍照和识别，该方式适用于复杂场景下的盘点，如异形件、堆叠货物等。通过安装在仓库或设备上的传感器，可以实时监测环境参数（如温度、湿度）和货物状态（如位置、重量），为盘点提供辅助信息。

利用大数据技术，对收集到的海量盘点数据进行存储、处理和分析。通过数据挖掘和算法分析，可以发现库存管理中的问题和规律，为优化库存管理提供数据支持。

使用云计算技术，提供强大的计算能力和存储能力，支持智慧盘点系统的稳定运行和快速响应。云计算技术使盘点数据在云端进行集中处理和分析，提高了数据处理的效率和安全性。

应用人工智能技术，通过机器学习、深度学习等算法，可实现智能识别、智能分类、智能预测等功能。人工智能技术能够自动识别物资信息、预测库存需求、优化盘点路径等，提高盘点的效率和准确性。

②核心功能。

利用资产二维码标签或 RFID 标签，实现固定资产的“自助盘点”。员工可以通过手机等移动终端扫描标签进行盘点，无须手动记录信息，从而提高盘点效率。

系统支持盘点计划的制订和审批，可以根据实际需求设定盘点的时间、范围、人员等。同时，系统还能自动推送盘点通知，确保盘点工作的顺利进行。

利用 RFID、条码扫描、图像识别等智慧盘点技术，对仓库内的货物进行全面、准确的盘点，减少人工干预和误差。

对盘点数据进行处理和分析，发现差异并查找原因，确保库存数据的准确性和一致性。

在盘点过程中，系统能够实时更新物资信息，包括数量、位置、状态等。这样，管理人员可以随时掌握库存情况，及时调整库存策略。

系统能够对盘点数据进行智能分析，包括库存结构分析、库存周转率分析、缺货预警等。通过数据分析，可以发现库存管理中存在的问题，为优化库存管理提供决策支持。

系统能够自动生成盘点报告，包括盘点结果、问题汇总、建议措施等，管理人员可以直观地了解盘点情况，并根据报告进行后续处理。

③主要特点。

智慧盘点能够显著提高盘点效率，减少人工干预和等待时间。原本需要几天甚至一周的人工盘点工作，通过智慧盘点可以在数小时内完成。

通过自动识别技术读取货物信息，减少了人为因素的干扰，提高了数据的准确性。同时，系统具备异常信息提醒功能，确保数据的真实可靠。

智慧盘点系统能够实时更新库存数据，确保数据的实时性和一致性。这有助于企业及时掌握库存情况，做出更准确的决策。

智慧盘点系统可以根据不同的盘点需求进行配置和调整，支持多种盘点方式和数据传输方式，使智慧盘点能够适用于不同规模和类型的仓库或资产管理场景。

④应用优势。

自动化和智能化的盘点方式减少了人工操作环节，提高了盘点效率。同时，系统能够实时更新数据，减少了人为错误和重复劳动。

通过优化库存结构和减少库存积压，降低了库存成本。同时，智慧盘点系统能够减少人力成本和时间成本，进一步降低运营成本。

⑤应用场景。

智慧盘点技术广泛应用于物流、零售、制造、医疗等多个行业。例如，在物流行业中，智慧盘点技术可以帮助企业实现货物的快速入库、出库和盘点；在零售行业中，智慧盘点技术可以帮助企业实现商品的精准库存管理和及时补货；在制造行业中，智慧盘点技术可以帮助企业实现生产原材料的精准管理和生产进度的实时监控。

（3）增值服务

在智慧在库管理作业环节中，还可以提供一系列增值服务，如货物追溯、库存预警、数据分析等，以帮助客户更好地管理库存和优化业务流程。

智慧在库管理作业环节通过集成应用现代信息技术和物联网技术，实现了对仓储过程的全面感知、实时监控、智能分析和精准管理，提高了仓储效率和准确性，降低了运营成本和风险。

2. 智慧在库管理注意事项

（1）安全标准

①安全控制系统。

确保库房有完善的门禁系统、监控系统和报警系统，实时监控库房内外情况，并在发生异常情况时及时报警。

②温湿度控制。

配备专门的温湿度控制设备，保证档案存放环境的稳定，防止档案因温湿度变化而受损。

③防火与防灾。

库房建筑应符合国家防火标准，配备自动报警设施、灭火器材和疏散通道等，以应对火灾等突发事件。

（2）数字化与网络化

①网络接入能力。

智慧库房应具备网络接入能力，实现档案的远程访问和共享，提高档案的利用率和管理效率。

②数据安全。

采用安全的网络架构，使档案在网络传输过程中不被非法截获或篡改。同时，定期备份数据，确保数据的完整性和安全性。

（3）智能化设备与系统

①智能化设备。

配备自动化机械存储设备、自动化文档识别和分类系统等，提高档案的管理效率和准确性。

②智能检索系统。

设置智能化的检索系统，提供便捷、快速的档案查询服务，用户可以通过输入关键词或其他条件快速找到所需的档案。

（4）管理制度与权限控制

①完善的管理制度。

制定详细的档案管理制度和规范，确保档案的组织、编目、存储和使用符合相关要求。

②多级权限控制。

实行多级权限控制机制，确保档案的安全性和保密性，不同用户根据其权限可以访问不同级别的档案。

（5）持续优化与改进

①系统优化。

企业应持续跟踪和分析系统运行情况，对系统进行适时的优化和改进，以提高效率和减少成本。

②人员培训。

对员工进行智能化库房管理系统方面的培训，提高其操作技能和管理水平。

（6）节能环保与可持续发展

①环境友好。

智慧库房设计应充分考虑节能和环保要求，采用绿色建筑材料和节能设备，减少对环境的影响。

②节能减排。

选择具有自动休眠功能的智能设备，在不需要时自动关闭或降低能耗，实现节能减排。

智慧在库管理需要关注安全性、数字化、网络化、智能化、管理制度、持续优化及节能环保等多个方面，通过综合运用各种措施，确保智慧库房的高效、安全、规范运行，提高管理的整体水平。

任务执行

步骤 1：以项目组为单位，通过网络搜索或查阅图书等方式查找智慧在库管理技术、流程、注意事项的图片、视频，归纳总结相关知识，将结果填入表 2–3。

表 2–3　　智慧在库管理技术、流程、注意事项一览表

序号	名称	图片	视频链接	提炼小结	备注
1	智慧在库管理技术				
2	智慧在库管理流程				
3	智慧在库管理注意事项				

步骤 2：各项目组制作关于智慧在库管理技术、流程、注意事项的 PPT 并上台分享。

任务评价

在完成上述任务后，教师组织三方评价，完成表 2–4 的填写（满分 10 分，评价标准明细项目分值由教师根据培养目标和学情分析自行确定），并对学生任务执行情况进行点评。

表 2-4 任务评价表

班级		项目组名称				
组长		成员				
评价要素	评价标准	评价依据	个人（10%）	项目组（30%）	教师（60%）	权重
知识	（1）熟悉智慧在库管理技术。 （2）熟悉智慧在库管理流程和注意事项	表 2-3 填写情况				40%
能力	（1）识别智慧在库管理技术。 （2）智慧在库管理流程和注意事项的应用	PPT 制作情况和上台分享情况				40%
素养	（1）遵守课堂管理规定。 （2）按时完成学习任务。 （3）有吃苦耐劳、团结协作的精神。 （4）服从管理，文明操作。 （5）有组织研讨的能力。 （6）学习积极主动、勤学好问	（1）考勤。 （2）课堂表现				20%

任务三　知悉智慧出库

任务描述

子任务1：学生以项目组为单位，通过网络搜索或查阅图书等方式结合学习内容了解智慧出库业务。

子任务2：根据查找到的资料归纳总结智慧出库技术的性能和应用。

子任务3：每个项目组将所收集到的资料整理制作成汇报PPT，并推荐同学做分享汇报。

岗前培训

✣ 岗前培训1：智慧出库业务的基本概念

1. 定义

智慧出库业务是一种基于人工智能、物联网、大数据等现代技术，对货物出库过程进行智能化、自动化管理的物流业务模式。它对出库流程进行优化和智能化改造，以提高出库效率、降低错误率，并提升整体物流管理水平。

2. 核心功能

①智能识别与定位。

利用RFID、条码等自动识别技术，对出库货物进行快速、准确的识别与定位，确保出库的准确性和及时性。

②自动化拣选与打包。

根据出库订单信息，智慧出库系统能够自动控制拣选设备（如AGV、机械臂等）进行货物的拣选和打包工作，减少人工干预，提高作业效率。

③库存实时更新。

在货物出库过程中，智慧出库系统能够实时更新库存信息，确保库存数据的准确性和实时性，为后续的库存管理和采购决策提供有力支持。

④出库流程优化。

通过智能算法和数据分析，智慧出库系统能够自动优化出库流程，减少等待时间和中转环节，提高出库效率。

⑤数据追溯与分析。

智慧出库系统能够记录每笔出库订单的详细信息，包括出库时间、出库数量、货物信息等，为后续的数据追溯和分析提供有力支持。

3. 应用价值

①提高出库效率。

智慧出库系统通过自动化、智能化的出库流程，显著缩短了出库时间，提高了出库效率。

②降低错误率。

智慧出库系统减少了人工干预，降低因人为因素导致的错误率，提高了出库准确率。

③提升库存管理水平。

智慧出库系统实时更新库存信息，为库存管理提供有力支持，帮助企业更好地掌握库存情况，优化库存结构。

④增强客户服务体验。

快速、准确的出库服务能够提升客户满意度，增强客户忠诚度。

⑤推动物流智能化发展。

智慧出库业务是物流智能化发展的重要组成部分，有助于推动整个物流行业的智能化、自动化发展。

4. 实现方式

①引入先进技术。

智慧出库环节引入先进技术，如 RFID、条码识别技术、自动化拣选设备、智能算法等。

②优化业务流程。

对出库流程进行梳理和优化，减少不必要的环节和等待时间。

③建设智能系统。

开发或引入智慧出库系统，实现出库流程的自动化、智能化管理。

④加强数据整合与分析。

整合物流、库存、销售等数据资源，利用大数据分析技术进行数据分析和挖掘，为智慧出库提供有力支持。

智慧出库业务是一种基于现代信息技术手段的物流业务模式，通过智能化、自动化的出库流程管理，提升整体物流管理水平。随着物流行业的不断发展和技术的不断进步，智慧出库业务的应用前景将更加广阔。

✣ 岗前培训 2：智慧出库流程与注意事项

1. 智慧出库流程

智慧出库流程是现代物流仓储管理中的重要环节，它借助现代信息技术手段，实现了出库过程的智能化、自动化和高效化。

（1）订单接收与处理

①订单接收。

当客户下单后，订单信息会自动传输至系统，包括订单号、商品信息、数量等。

②订单处理。

系统对接收到的订单进行审核，确认订单信息的准确性和合法性。同时，系统会根据订单信息实时查询库存余量，确保有足够的库存满足客户需求。

（2）出库准备

①出库单生成。

根据审核后的订单信息，系统自动生成出库单，包括出库商品的详细信息、数量、出库时间等。

②拣货计划制订。

系统根据出库单信息，自动规划拣货路径和拣货顺序，以提高拣货效率。

③拣货人员安排。

根据拣货计划，系统安排拣货人员进行拣货操作。拣货人员可以通过手持终端或智能设备接收拣货任务。

（3）智能拣货与自动打包

①智能拣货。

拣货人员根据系统提示，使用手持终端或智能设备扫描商品条码，确认商品信息并进行拣货。系统会实时更新拣货进度和库存信息。

②自动打包。

对于需要打包的商品，系统可以自动控制打包设备进行打包操作。打包完成后，系统会自动打印出库单据，并将其粘贴在包裹上。

（4）出库复核与装车发货

①出库复核。

在出库前，系统会对出库商品进行复核，确保出库商品与出库单信息一致。复核人员可以使用手持终端或智能设备进行扫描复核。

②装车发货。

复核无误后，系统提示仓库工作人员将出库商品装车发货。同时，系统会记录出库时间和出库数量，并更新库存信息。

（5）物流跟踪与客户反馈

①物流跟踪。

发货后，系统可以通过 GPS、物联网等技术手段对物流状态进行实时跟踪，确保货物安全送达客户手中。

②客户反馈。

客户收到货物后，系统可以自动发送满意度调查或反馈请求，收集客户对出库流程和物流服务的意见和建议。

(6) 数据分析与流程优化

①数据分析。

系统会对出库流程中的各项数据进行收集和分析，包括出库时间、拣货效率、库存周转率等，为后续的流程优化提供数据支持。

②流程优化。

根据数据分析结果，系统可以自动或人工调整出库流程中的各个环节，以进一步提高出库效率和客户满意度。

智慧出库流程通过引入现代信息技术手段，实现了出库过程的智能化、自动化和高效化。它不仅提高了出库效率和准确性，还降低了人工成本和错误率，为企业带来了显著的经济效益和竞争优势。

2. 智慧出库注意事项

智慧出库作为现代物流仓储管理中的关键环节，其高效、准确的执行对于提升整体物流效率和服务质量至关重要。

(1) 确保系统稳定运行

①系统维护。

定期检查和维护智慧仓储管理系统，确保其稳定运行，避免因系统故障导致出库流程中断或数据丢失。

②数据备份。

定期备份系统数据，数据丢失或损坏时能够及时恢复。

(2) 准确录入与核对信息

①订单信息。

确保客户订单信息准确无误地录入系统，包括商品名称、数量、规格等关键信息。

②库存信息。

实时更新库存信息，确保系统库存数据与实际库存一致，避免超卖或库存积压。

③出库单核对。

在出库前仔细核对出库单信息，确保出库商品与订单要求一致。

(3) 优化拣货与打包流程

①拣货路径规划。

利用系统规划最优拣货路径，减少拣货时间和人力成本。

②打包标准化。

制定标准化的打包流程，确保打包质量和效率，同时减少因打包不当导致的货物损坏。

③自动化设备应用。

合理利用自动化拣选、打包设备等，提高拣货和打包效率。

（4）加强出库复核与监控管理

①出库复核。

在出库前对商品进行复核，确保商品数量、规格等信息与出库单一致，防止错发、漏发等情况发生。

②监控管理。

利用视频监控等手段对出库过程进行监控，确保出库流程规范、安全。

（5）注重物流跟踪与反馈

①物流跟踪。

及时跟踪物流信息，确保货物安全、准时送达客户手中。

②客户反馈。

收集客户对出库流程和物流服务的反馈意见，及时改进和优化服务。

（6）数据分析与持续改进

①数据分析。

定期对出库流程中的各项数据进行分析，包括出库时间、拣货效率、库存周转率等，找出存在的问题。

②持续改进。

根据数据分析结果，不断优化出库流程，提高出库效率和准确性。

通过加强这些方面的管理，可以确保智慧出库流程的高效、准确执行，提升整体物流效率和服务质量。

任务执行

步骤1：以项目组为单位，通过网络搜索或查阅图书等方式查找智慧出库技术、流程、注意事项的图片、视频等，归纳总结相关知识，将结果填入表2-5。

表2-5　　智慧出库技术、流程、注意事项一览表

序号	名称	图片	视频链接	提炼小结	备注
1	智慧出库技术				
2	智慧出库流程				
3	智慧出库注意事项				

步骤2：各项目组制作关于智慧出库技术、流程、注意事项的PPT并上台分享。

任务评价

在完成上述任务后，教师组织三方评价，完成表 2-6 的填写（满分 10 分，评价标准明细项目分值由教师根据培养目标和学情分析自行确定），并对学生任务执行情况进行点评。

表 2-6　　　　任务评价表

班级		项目组名称				
组长		成员				
评价要素	评价标准	评价依据	个人（10%）	项目组（30%）	教师（60%）	权重
知识	（1）熟悉智慧出库技术。 （2）熟悉智慧出库流程和注意事项	表 2-5 填写情况				40%
能力	（1）识别智慧出库技术。 （2）智慧出库技术、流程、注意事项的总结与应用	PPT 制作情况和上台分享情况				40%
素养	（1）遵守课堂管理规定。 （2）按时完成学习任务。 （3）有吃苦耐劳、团结协作的精神。 （4）服从管理，文明操作。 （5）有组织研讨的能力。 （6）学习积极主动、勤学好问	（1）考勤。 （2）课堂表现				20%

03 PROJ 项目三 智慧运输

◎知识目标

- 了解智慧运输的基本概念。
- 了解智慧运输的关键技术。
- 熟悉智慧运输主要应用场景。
- 了解智慧运输的未来发展趋势。
- 了解新技术对智慧运输的影响。

◎能力目标

- 能够识别常见的智慧运输设备。
- 具备创新思维。
- 能够团队协作。

◎思政目标

- 增强环保意识。
- 强化社会责任感。
- 树立职业道德，培养职业精神。

知识图谱

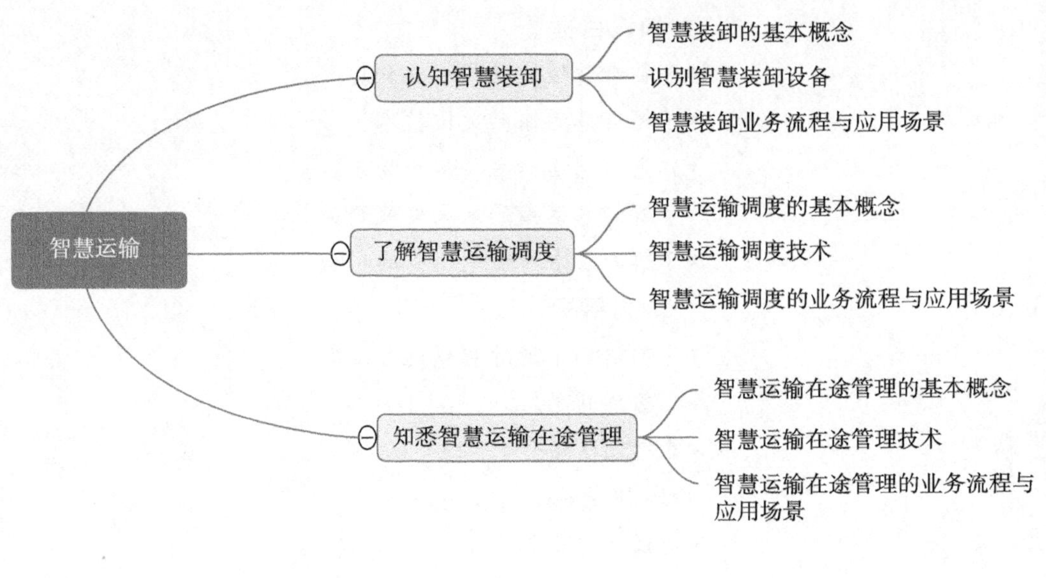
智慧运输
认知智慧装卸
智慧装卸的基本概念
识别智慧装卸设备
智慧装卸业务流程与应用场景
了解智慧运输调度
智慧运输调度的基本概念
智慧运输调度技术
智慧运输调度的业务流程与应用场景
知悉智慧运输在途管理
智慧运输在途管理的基本概念
智慧运输在途管理技术
智慧运输在途管理的业务流程与应用场景

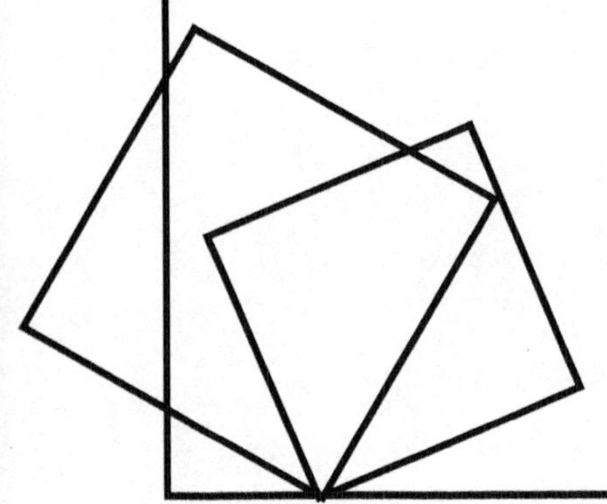

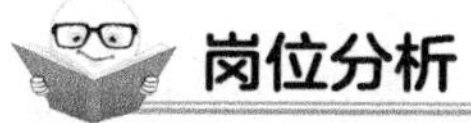

岗位分析

岗位1：无人机操作员

• **岗位职责**：对无人机进行调试、校准，确保无人机正常运行。在指定区域执行无人机飞行任务。处理飞行中的各种异常情况，保障飞行安全。飞行任务规划与执行、无人机设备管理、数据收集与处理、应急处置。

• **典型工作任务**：无人机调试与校准、操控无人机飞行、无人机飞行异常情况处理。

• **职业素质**：具有飞行技能、安全意识、法规意识、团队协作能力、学习能力。

• **职业能力**：具备飞行操作技能、任务规划与执行能力、设备管理与维护能力、数据处理与分析能力。

• **可持续发展能力**：持续学习的能力与创新能力。

岗位2：智慧运输管理员

• **岗位职责**：根据业务需求和市场情况，制订合理的运输计划，包括运输路线、运输方式、运输时间等。负责运输资源的调度和分配，包括车辆、驾驶员、装卸设备等，确保运输任务的顺利完成。利用现代信息技术手段，对运输过程进行实时监控，确保货物安全、准时到达目的地。及时发现并处理运输过程中的异常情况，如车辆故障、交通事故、货物损坏等，降低运输风险。收集运输过程中的各类数据，如车辆运行数据、货物流转数据、客户需求数据等，并进行深入分析。贯彻、执行国家及行业相关的安全方针、政策和法律法规，确保运输过程的安全性。组织从业人员进行安全教育和培训，增强全员安全意识，预防安全事故的发生。

• **典型工作任务**：制订运输计划、运输资源调度、运输过程监控、运输数据分析、运输安全教育。

• **职业素质**：具有安全意识、法规意识、团队协作意识、持续学习的能力。

• **职业能力**：具备计划、调度、监控、数据处理与分析的能力。

• **可持续发展能力**：持续学习的能力与抗压能力。

项目导读

智慧运输是物流运输领域的一次深刻变革，它融合了物联网、大数据、云计算、人工智能等先进技术，旨在提升运输效率、降低成本、提高服务质量和推动绿色物流发展。随着科技的不断进步和物流行业的快速发展，智慧运输正逐步成为物流运输领域的主流趋势。

1. 智慧运输技术

物联网技术：通过物联网技术，实现物流设备、车辆、货物等的互联互通，实现运输过程的实时监控和智能管理。

大数据技术：利用大数据技术收集、分析运输过程中的海量数据，提取有价值的信息，为运输决策提供科学依据。

云计算技术：提供强大的数据处理和存储能力，支持智慧运输系统的稳定运行和高效扩展。

人工智能技术：通过机器学习、深度学习等，实现智能调度、路径优化、预测分析等功能，提高运输效率和智能化水平。

2. 应用场景

智能调度：根据运输需求和车辆资源，实现运输任务的智能调度和分配，减少等待时间和空驶率。

路径优化：结合实时交通信息和历史数据，为运输车辆规划最优路径，提高运输效率并降低油耗。

实时监控：通过 GPS、传感器等实时监控运输车辆的位置、速度、载重等信息，确保运输过程的安全和可控。

3. 发展趋势

技术融合：随着技术的不断进步，物联网、大数据、云计算、人工智能等技术将进一步融合，推动智慧运输的深入发展。

平台化运作：智慧运输将向平台化方向发展，通过构建统一的运输平台，实现运输资源的共享和优化配置。

智能化升级：运输车辆和设备将向智能化方向升级，具备更强的自主导航、自主避障、自主决策等能力。

绿色化转型：绿色物流将成为智慧运输的重要发展方向，推动物流行业的绿色化转型和可持续发展是必由之路。

智慧运输作为物流运输领域的重要变革，将推动物流行业的数字化转型和升级。通过融合先进技术、优化运输流程、提升服务质量，智慧运输将为物流行业的发展注入新的动力。未来，随着技术的不断进步和应用场景的不断扩展，智慧运输将展现出更加广阔的发展前景。

任务一 认知智慧装卸

任务描述

子任务 1：学生以项目组为单位，通过网络搜索或查阅图书等方式结合学习内容识别智慧装卸设备。

子任务 2：根据查找到的资料归纳总结智慧装卸设备的功能和用途。

子任务 3：每个项目组将所收集到的资料整理制作成汇报 PPT，并推荐同学做分享汇报。

岗前培训

✣ 岗前培训 1：智慧装卸的基本概念

1. 智慧装卸的定义

智慧装卸是指利用智能机器人、输送机、智能穿梭车等先进设备，结合物联网、云计算、人工智能等先进技术手段，实现装卸搬运过程的自动化、可视化管理和智能化优化。智慧装卸突破了传统装卸搬运的固有模式，将人工操作和自动化操作有机结合起来，使生产流程更加高效、快捷、可持续。

2. 智慧装卸的特点

（1）提高作业效率

①自动化程度高。

智慧装卸系统能够直接将货物从货源地自动搬运到目的地，减少了人工搬运的烦琐和耗时，大大提高了作业效率。

②并行处理能力。

智慧装卸系统能够在搬运货物的同时处理订单，实现了搬运与管理的无缝衔接，进一步提升了整体作业效率。

（2）降低人工成本

①减少人力需求。

智慧装卸减少了人工拣货、备货等环节的工作内容，降低了对人力资源的依赖。

②优化劳动力配置。

智慧装卸利用自动化设备完成繁重的搬运工作，人力资源可以更多地投入需要人类智慧和判断力的任务中。

（3）高精准能力

①精准定位与轨迹控制。

智慧装卸系统可以根据指定的位置设置其运作轨迹，确保货物搬运的准确性和稳定性。

②适应性强。

系统能够根据不同的作业场景和需求进行灵活调整，满足多样化的装卸需求。

（4）智能化与信息化

①智能感知与决策。

智慧装卸系统具备智能感知能力，能够实时获取环境信息并做出相应决策，提高了装卸作业的智能化水平。

②数据共享与远程操控。

智慧装卸系统通过物联网、云计算等技术手段实现数据共享和远程操控功能，提高了装卸作业的管理水平和灵活性。

（5）安全性与环保性

①降低安全隐患。

智慧装卸减少了人工操作环节，降低了人为因素导致的安全事故风险。

②节能环保。

自动化装卸设备通常具备较高的能效比和较低的能耗水平，同时减少了因人工操作而产生的噪声和粉尘等污染问题。

（6）可视化管理

借助物联网和信息技术，智慧装卸可以实现装卸过程的可视化管理，实时监控装卸作业状态，确保作业的安全和可控。

3. 智慧装卸技术支撑

（1）智慧装卸设备

智慧装卸设备包括自动导航叉车、自动托盘堆垛系统、自动分拣系统、智能搬运机器人、智能无人装卸系统和其他智慧装卸设备，这些装备具备自主导航、自主避障、自主作业等功能，能够完成复杂的装卸任务。

智慧装卸设备是现代物流和生产领域中的重要组成部分，它们通过集成先进的自动化技术、传感器技术、人工智能算法等，实现了装卸作业的智能化、高效化和精准化。

①自动导航叉车（见图 3-1）。

自动导航叉车是一种能够按照预设路径自动行驶，完成货物搬运的自动化设备。其具有如下特点。

a. 自动化程度高，能够减少人工干预，提高作业效率。

b. 灵活性强，可以根据不同场景和需求进行路径规划和调整。

c. 配备先进的导航系统和传感器，能够实时感知周围环境，确保行驶安全。

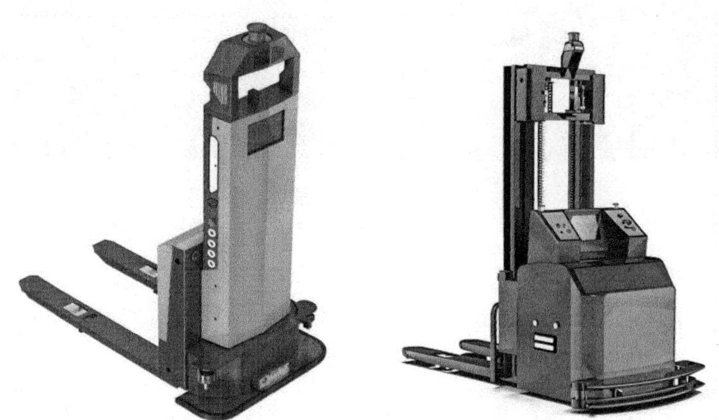

图 3-1 自动导航叉车

②自动托盘堆垛系统（见图 3-2）。

该系统采用电子自动控制和先进的传感技术，能够自动将货物堆放在指定的托盘上，并进行堆垛操作。其具有如下特点。

a. 高度可定制，可以根据不同货物的尺寸和重量进行调整。

b. 自动化程度高，能够大幅降低工人的劳动强度。

c. 储存效率高，仓库空间利用率高。

图 3-2 自动托盘堆垛系统

③自动分拣系统（见图 3-3）。

自动分拣系统可根据预设的规则和算法，将货物自动分类并分拣到指定的位置或容器中。其具有如下特点。

a. 处理速度快，能够高效完成大批量货物的分拣任务。

b. 准确率高，减少分拣错误和遗漏现象。

c. 适用于多种货物类型和分拣场景。

图 3-3　自动分拣系统

④智能搬运机器人（见图 3-4）。

智能搬运机器人是一种能够自主导航、识别货物并进行搬运的自动化设备。其具有如下特点。

a. 灵活性强，能够适应各种复杂环境和货物类型。

b. 配备先进的传感器和控制系统，能够实时感知周围环境并做出相应决策。

c. 提高了搬运效率，降低了人力成本。

图 3-4　智能搬运机器人

⑤智能无人装卸系统（见图 3-5）。

该系统集成了机、电、液、光、IT 等前沿技术，实现了从立体仓库到运输车辆之间的无人化装卸作业。其具有如下特点。

a. 颠覆传统搬运模式，实现了装卸的无死角全方位智能化。

b. 大幅提高装载速度，减少了人工参与和安全事故风险。

c. 适用于化工、粮油、饲料、盐业、水泥等包装行业。

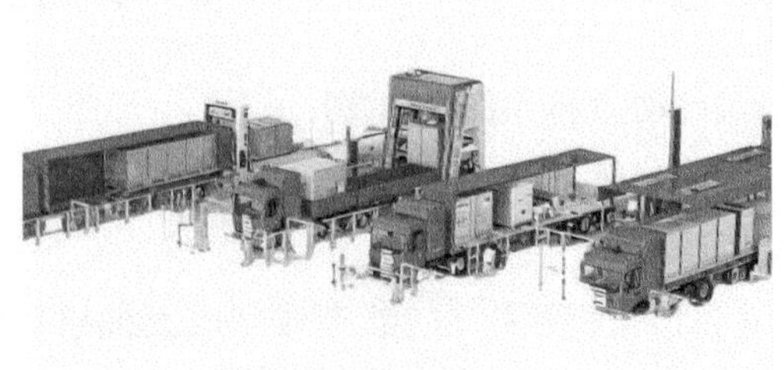

图 3-5　智能无人装卸系统

⑥其他智慧装卸设备。

智能货架系统可根据货物大小、重量自动调节存放位置，节约了仓储空间，提高了储存效率。

智能拣选系统可通过物联网、人工智能等技术实现订单智能识别和货物智能拣选，加快了订单处理速度，降低了拣选错误率。

智能输送设备能根据货物形态和目的地自动选择最优路线，减少人工干预环节，提高装卸效率。

智慧装卸设备以其高效、精准、安全、环保等特点在现代物流和生产领域发挥着越来越重要的作用。随着技术的不断进步和应用场景的不断扩展，智慧装卸设备的种类和功能也将不断丰富和完善。

（2）物联网技术

在智慧装卸中，物联网技术的应用是物流和生产领域技术革新的重要体现，它通过传感器、通信网络和数据处理系统等，实现了装卸过程的智能化、高效化和精准化。

物联网技术在智慧装卸中的应用涵盖了货物追踪与管理、设备监控与调度、数据收集与分析、安全监控与预警以及智能化决策与管理等多个方面。

①货物追踪与管理。

货物追踪与管理是通过在货物上安装传感器实现的，物联网技术能够实时监测货物的位置和状态，包括温度、湿度、振动等参数，确保货物在运输和装卸过程中的安全和质量。

为货物贴上智能标签，利用 RFID 等技术，可实现货物的快速识别和自动分类，减少人工干预，降低错误率。

②设备监控与调度。

远程监控与故障诊断。物联网技术可以实现对装卸设备的远程监控，实时监测设备的运行状态、工作负荷和故障情况，提前预警并安排维修，提高设备的可靠性和使用寿命。

智能调度与优化。通过分析设备数据和货物信息，物联网系统可以自动优化装卸作业流程，合理安排设备使用，减少等待时间和资源浪费，提高整体作业效率。

③数据收集与分析。

物联网传感器能够实时采集装卸过程中的各种数据，如货物重量、体积、位置变化等，为数据分析提供基础。

通过大数据分析技术，对采集到的数据进行深度挖掘和分析，可以发现装卸作业中的瓶颈和潜在问题，为决策提供有力支持。

④安全监控与预警。

物联网技术可以实现装卸区域的全方位安全监控，包括视频监控、入侵监测等，确保装卸作业的安全进行。

一旦发现异常情况或潜在风险，物联网系统能够立即发出预警信号，并自动或辅助人工进行应急处理，降低事故发生的概率和损失。

⑤智能化决策与管理。

基于物联网收集和分析的数据，智能装卸系统能够为管理层提供决策支持，如优化作业流程、调整设备配置等。

物联网技术的应用使装卸作业过程更加透明化，管理层可以实时了解作业进展和效率情况，及时做出调整和优化。

这些应用不仅提高了装卸作业的效率和质量，还降低了成本和安全风险，为物流和生产领域的智能化转型提供了有力支持。

（3）云计算与大数据

智慧装卸中的云计算与大数据技术应用，是现代物流和生产领域技术革新的重要体现，它们共同推动了装卸作业的智能化、高效化和精准化。云计算和大数据技术可以处理和分析海量数据，提取有价值的信息，为智慧装卸提供决策支持。

①云计算技术的应用。

云计算平台能够根据装卸作业的实际需求，动态地分配和调度计算资源、存储资源和网络资源，确保装卸作业的高效进行。通过虚拟化技术，云计算将物理资源封装成独立的虚拟资源池，实现资源的按需分配和弹性扩展。

利用云计算的远程访问能力，管理者可以随时随地通过云端平台对装卸作业进行监控和管理，无须亲临现场。云计算平台提供的数据可视化工具，使管理者能够直观地了解装卸作业的状态和进度。

云计算平台具备强大的数据处理和分析能力，可以对装卸作业过程中产生的大量数据进行实时处理和分析。通过数据分析，可以预测装卸作业的趋势和潜在问题，为管理者提供决策支持。

②大数据技术的应用。

大数据技术能够高效地采集装卸作业过程中产生的各种数据，包括货物信息、设备状态、环境参数等。这些数据被存储在大数据平台中，形成海量数据集，为后续的数据分析和挖掘提供基础。

利用大数据技术中的数据挖掘算法和机器学习模型，对海量数据集进行深度挖掘和分析，可以发现装卸作业中的规律和模式，揭示潜在的问题和优化空间。

大数据分析结果可以为管理者提供智能决策支持，如优化装卸作业流程、预测设备故障、调整资源配置等。大数据技术还可以与人工智能技术相结合，实现更高级别的智能决策和自动化控制。

③云计算与大数据技术的融合应用。

云计算平台为大数据的共享和协同提供了便利条件。不同部门和系统之间的数据可以通过云端平台进行共享和交换。这种数据共享和协同机制有助于打破信息孤岛，实现资源的优化配置和高效利用。结合云计算和大数据技术，可以构建智慧装卸系统。该系统能够自动采集装卸作业过程中的各种数据，并进行实时处理和分析。基于分析结果，系统可以自动调整作业流程、优化资源配置、预测潜在问题，实现装卸作业的智能化和高效化。

云计算与大数据技术在智慧装卸中的应用不仅提高了装卸作业的效率和质量，还降低了成本和安全风险。随着技术的不断进步和应用场景的不断扩展，云计算与大数据技术在智慧装卸中的应用前景将更加广阔。

（4）人工智能技术

智慧装卸中的人工智能技术包括机器学习、深度学习等，能够实现对装卸过程的智能调度、路径优化、预测分析等功能，显著提升了装卸作业的效率和准确性。

①智能识别与分类。

通过安装在装卸设备上的工业相机和传感器，人工智能系统能够实时捕捉货物图像，并运用计算机视觉算法进行目标检测、特征提取和识别。结合深度学习模型，系统能够自动识别货物的种类、规格、状态等信息，实现快速分类和分拣。

利用 RFID 技术和条码识别技术，系统可以快速读取货物上的标签信息，与预设数据库进行比对，实现货物的自动识别和追踪。

②自动化装卸与搬运。

人工智能驱动的机器人（如 AGV、自动叉车、搬运机器人等）能够根据预设程序或实时指令，自主完成货物的抓取、搬运、堆码等任务。这些机器人具备自主导航、避障、路径规划等功能，能够显著提高装卸作业的自动化水平。

基于人工智能的控制系统能够实时监测装卸设备的运行状态和作业进度，根据实际情况调整作业策略和资源分配。通过预测性维护算法，系统还能提前发现并解决潜在的设备故障问题，保障作业的连续性和稳定性。

③优化与决策支持。

人工智能系统能够收集并处理装卸作业过程中产生的大量数据（如货物信息、设备状态、作业时间等），运用数据挖掘和机器学习算法发现数据中的规律和模式。这些分析结果有助于揭示装卸作业中的瓶颈和潜在问题，为管理者提供决策支持。

基于历史数据和实时信息，人工智能系统能够智能调度装卸作业任务和资源，优化作业流程和资源配置。通过动态调整作业计划和资源配置方案，系统能够应对复杂多变的作业环境，提高整体作业效率。

④安全保障与预警。

人工智能系统能够实时监测装卸作业区域的安全状况（如人员安全、设备安全、货物安全等），发现潜在的安全隐患并及时发出预警信号。结合视频监控和人脸识别技术，系统还能对进入作业区域的人员进行身份验证和行为监控，确保作业安全。

在发生突发事件或紧急情况时，人工智能系统能够迅速启动应急预案并自动或半自动地执行应急处理任务（如关闭危险源、疏散人员等）。同时，系统还能根据实时数据为管理者提供应急决策支持（如制定疏散路线、调配救援资源等）。

智慧装卸中的人工智能技术应用涵盖了智能识别与分类、自动化装卸与搬运、优化与决策支持以及安全保障与预警等多个方面。这些应用不仅提高了装卸作业的效率和准确性，还降低了成本和安全风险，为物流和生产领域的智能化转型提供了有力支持。

4. 智慧装卸技术的应用场景

智慧装卸技术的应用场景非常广泛，涵盖了物流、制造、仓储等多个领域。

（1）物流领域

①自动化仓库。

在自动化仓库中，智慧装卸设备（如 AGV、机器人等）能够自动完成货物的入库、出库、搬运和堆码等操作。通过集成先进的传感器、机器视觉和人工智能技术，这些设备能够实现货物的精准识别和快速处理，提高了仓库的作业效率和准确性。

②货车装卸。

在货车装卸环节，智慧装卸系统可以自动将货物从仓库搬运到货车，或从货车搬运到仓库。这不仅减少了人力成本，还提高了装卸效率和安全性。一些先进的系统还能自动识别货车的类型和位置，进行精准的货物装卸。

③分拣中心。

在物流分拣中心，智慧装卸设备可以根据订单信息自动分拣货物，并将其送至指定的配送区域。这不仅提高了分拣速度，还降低了错误率，为快速配送提供了有力支持。

（2）制造领域

①生产线装卸。

在生产线上，智慧装卸设备可以自动完成原材料的搬运、成品的装载等操作。通过与生产线控制系统无缝衔接，这些设备能够确保生产流程的连续性和高效性。

②重型物料搬运。

在重工业生产中，智慧装卸设备（如重载搬运机器人）能够搬运大体积、大重量的物料。这些设备具备强大的承载能力和稳定性控制技术，能够确保物料搬运的安全性和高效性。

（3）仓储领域

①货架存取。

在大型仓库中，智慧装卸设备可以自动完成货物的上架、下架和移库等操作。通过与仓库管理系统（WMS）集成，这些设备能够实时掌握货物信息，实现仓库的智能化管理。

②库存盘点。

利用机器视觉和人工智能技术，智慧装卸设备还可以辅助进行库存盘点工作。通过扫描货物上的标签或进行图像识别，设备能够快速准确地统计库存数量，为仓库管理提供有力支持。

（4）其他领域

①特殊环境作业。

在一些特殊环境（如高温、低温、有毒有害等）下，智慧装卸设备能够替代人工进行作业。这些设备具备适应特殊环境的能力，并能够确保作业的安全性和高效性。

②跨境电商。

在跨境电商领域，智慧装卸设备可以协助完成跨境电商包裹的自动分拣、打包和装运等操作。通过提高作业效率和准确性，降低人力成本，为跨境电商的快速发展提供有力支持。

智慧装卸技术的应用场景非常广泛，并在不断扩展和深化。随着技术的不断进步和应用场景的不断丰富，智慧装卸技术将在更多领域发挥重要作用。

5. 智慧装卸发展趋势

智慧装卸是物流运输领域的重要变革之一，它通过融合先进技术、优化装卸流程、提高作业效率和服务质量，为物流行业的发展注入新的动力。

（1）自动化与智能化

①技术进步。

随着科技的发展，装卸机械不断向自动化和智能化方向发展。这些设备能够根据预设的程序和算法进行操作，减少人力介入，提高装卸效率和安全性。例如，智能装车技术通过集成先进的传感器、机器视觉、人工智能等技术，实现了货物的自动识别、定位、抓取和放置，大大提高了装车的效率和准确性。

②系统集成。

智慧装卸系统还将与仓库管理系统、物流信息系统等无缝衔接，实现信息的实时共享和协同作业，进一步提升整个物流过程的透明度和可控性。

（2）环保与节能

①绿色能源。

随着全球环境和资源问题的日益突出，环保和节能已经成为各行各业的重要议题。在智慧装卸领域，越来越多的企业开始关注环保和节能问题。例如，采用电动技术替代传统的燃油动力，以减少污染物排放和降低噪声污染。

②能源优化。

通过合理设计和优化装卸搬运过程，最大限度地利用设备的能量，减少能源资源的浪费。例如，智慧装卸系统可以实时监测设备的能耗情况，并根据实际需求调整作业策略，实现能源的最优配置。

(3) 多功能集成

①集成化设计。

为了满足用户多样化的需求，装卸机械正朝着多功能集成的方向发展。通过将多种功能整合在一起，可以实现设备的多功能协同操作，提高作业效率和灵活性。例如，将起重机和升降机功能融合，可以在装卸过程中实现连续和高效的操作。

②定制化服务。

随着市场的不断发展，客户对装卸设备的需求也越来越多样化。因此，提供定制化服务将成为智慧装卸行业的重要趋势之一。企业可以根据客户的具体需求，量身定制符合其要求的装卸设备和服务方案。

(4) 轻量化与紧凑型设计

①轻量化。

随着物流业务的发展，加上场地资源有限，装卸机械需要越来越轻便和小巧，以适应不同的工作环境和条件。轻量化设计不仅可以降低设备的制造成本和运输成本，还可以提高设备的灵活性和可维护性。

②紧凑型。

紧凑型设计可以使设备在有限的空间内发挥更大的作用，提高作业效率和空间利用率。

(5) 物联网与大数据应用

①物联网技术。

物联网技术的发展为智慧装卸提供了更广阔的应用空间。通过物联网技术，可以将装卸设备、货物、人员等要素连接起来，实现信息的实时共享和协同作业。同时，物联网技术还可以实现对装卸设备的远程监控和故障诊断，提高设备的可靠性和安全性。

②大数据分析技术。

大数据分析技术则可以对装卸过程中的大量数据进行深入挖掘和分析，发现潜在的规律和问题，为管理者提供决策支持。例如，通过对装卸作业数据的分析，可以优化作业流程、提高作业效率、降低运营成本等。

智慧装卸的发展趋势是向着自动化、智能化、环保、节能、多功能集成、轻量化和紧凑型设计以及物联网与大数据应用等方向发展。这些趋势将推动智慧装卸行业不断进步和创新，为物流行业的发展提供有力的支持。

✣ 岗前培训 2：识别智慧装卸设备

智慧装卸设备是指利用现代科技手段，实现装卸过程自动化、智能化和高效化的各类设备。智慧装卸设备是现代物流和仓储行业中不可或缺的工具，它们通过集成先进的传感器、机器视觉、人工智能等技术，实现了装卸作业的自动化、智能化和高效化。这些设备在物流、仓储、制造等行业中发挥着重要作用，提高了装卸效率，降低了人力成本，并增强了作业的安全性和准确性。

1. AGV

AGV是在车体上装备有电磁学或光学等导引装置、计算机装置、安全保护装置，能够沿设定的路径自动行驶，具有物品移载功能的搬运车辆。

AGV具有如下特点。

①自动化程度高，能够按照预设路径自主行驶，无须人工驾驶。

②灵活性强，可以适应多种复杂环境，如仓库、工厂等。

③提高了装卸效率，减少了人力成本。

2. 自动导航叉车

自动导航叉车可按照设定的路径自动行驶，将物品从指定位置运至另一位置，设备较为灵活且可高效完成装卸任务。

自动导航叉车可以提高装卸效率，减少人力成本，降低工作风险。

3. 机器人搬运系统

机器人搬运系统包括各种类型的搬运机器人，如码垛机器人、搬运机器人等，它们能够根据货物的形状、重量等特性进行智能抓取和搬运。

机器人搬运系统具有如下特点。

①智能化程度高，能够自动识别货物并进行精准抓取。

②适用于各种复杂的装卸场景，如堆垛、搬运等。

③提高了作业的安全性和准确性，减少了人力需求。

4. 自动分拣系统

自动分拣系统是一种根据预设规则，将物品自动分类分拣的装备。

自动分拣系统具有如下特点。

①分拣效率高，能够快速完成大批量物品的分类任务。

②准确性高，降低了分拣错误率。

③适用于电商、快递等行业的物流分拣中心。

5. 自动托盘堆垛系统

自动托盘堆垛系统采用电子自动控制和先进的传感技术，能够自动将货物堆放在指定的位置。

自动托盘堆垛系统具有如下特点。

①高度可定制化，满足不同堆垛需求。

②降低了工人的劳动强度，提高了工作效率。

③提高了仓储空间的利用率。

6. 智慧装卸机器人

智慧装卸机器人集成了机器视觉、传感器、机械臂等多种技术，能够实现对货物的自动识别、抓取和装卸。

智慧装卸机器人具有如下特点。

①智能化程度高，能够自主完成复杂的装卸任务。

②提高了装卸效率和准确性，减少了人力成本。

③适用于各种货物类型和装卸场景。

7. 传感器和扫描设备

传感器（见图 3-6）和扫描设备（见图 3-7）用于捕获环境中的图像或三维点云数据，为智慧装卸系统提供实时、准确的环境信息。

图 3-6　传感器

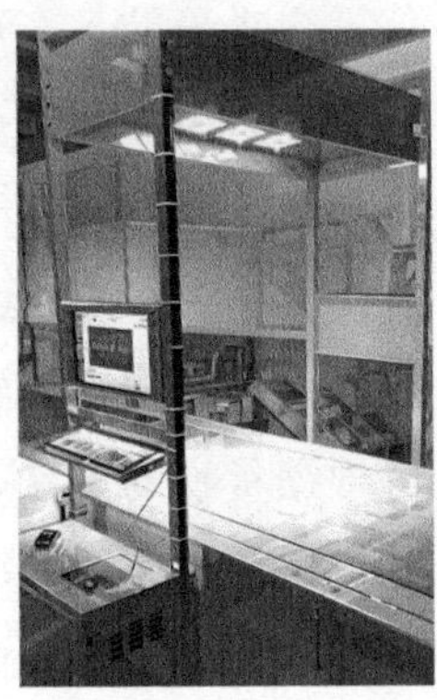

图 3-7　扫描设备

传感器和扫描设备具有如下特点。

①精度高，能够实现对货物的精准定位和识别。

②实时性强，能够迅速响应环境变化。

③能为智慧装卸系统的决策提供重要依据。

8. 自动化输送线

自动化输送线（见图 3-8）通过输送带、滚筒等设备，可实现货物的自动传输和分拣，提高物流效率。

图 3-8　自动化输送线

9. 物联网与云计算

智慧装卸系统通过物联网技术实现物流设备、车辆、货物等的互联互通，利用云计算平台处理和分析海量数据，为智慧装卸提供决策支持。

10. 智能拣选系统

智能拣选系统通过物联网、人工智能等技术，实现对订单的智能识别和货物的智能拣选。

智能拣选系统可以加快订单处理速度，降低拣选错误率，根据仓库内部的实时情况进行动态调整，提高装卸效率。

✣ 岗前培训 3：智慧装卸业务流程与应用场景

智慧装卸业务流程是一个高度集成化、自动化的过程，它融合了物联网、大数据、云计算和人工智能等先进技术，旨在提高装卸效率、降低成本、增强安全性和准确性。

1. 智慧装卸业务流程

智慧装卸业务流程通常包括货物识别、路径规划、自动搬运、精准定位与放置等环节，具体分为准备阶段、计划制订、执行阶段、结束与反馈、后续处理五个阶段。

（1）准备阶段

①订单接收与确认。

客户通过销售平台或物流系统提交订单，系统自动接收并确认订单信息，包括货物名称、数量、装卸地点等。

②货物预检。

在装卸前，对货物进行预检，检查其清洁度、结构完整性、是否有损坏等，并确认货物上标注的相关信息（如重量限制、危险品标识）是否准确。

（2）计划制订

①装卸计划制订。

根据订单信息和货物特性，制订详细的装卸计划，包括装卸时间、地点、所需设备、人员配置等。

②设备调配。

根据装卸计划，调配好所需的装卸设备，如智能机器人、AGV、自动化输送线等，并确保其处于良好工作状态。

（3）执行阶段

①信息输入与识别。

在装卸作业开始前，通过手持平板设备或物联网技术输入货物和车辆的相关信息，如货物名称、数量、车辆型号等。同时，利用机器视觉技术自动识别货物和车辆，确保信息的准确性。

②自动搬运与装卸。

智能机器人/AGV 搬运：智能机器人或 AGV 根据预设路径和指令，自动将货物搬运至指定位置。

自动化输送线传输：货物通过自动化输送线被快速、准确地传输至装卸区域。

精准定位与放置：利用高精度定位系统和机械臂等设备，将货物精准地放置在车厢或货架上。

实时监控与调整：在装卸过程中，通过物联网和大数据技术实时监控装卸进度、设备状态等信息，并根据实际情况进行动态调整和优化。

③异常处理。

在装卸作业过程中，如遇到异常情况（如设备故障、货物损坏等），系统自动报警并通知相关人员进行处理。

（4）结束与反馈

①完成确认。

当所有货物均完成装卸后，系统自动进行完成确认，并生成相应的装卸记录和报告。

②客户反馈。

作业完成后，系统向客户提供装卸作业的详细报告和反馈，包括作业时间、完成情况、异常情况等。及时收集客户对装卸服务的反馈意见有助于后续改进和优化服务流程。

（5）后续处理

①数据分析与优化。

对装卸过程中的数据进行深度挖掘和分析，找出潜在的问题和改进点，持续优化装卸业务流程。

②设备维护与保养。

定期对装卸设备进行维护和保养，确保其处于良好工作状态，延长设备使用寿命。

③流程优化。

根据作业数据和客户反馈，不断优化装卸作业流程，提高作业效率和质量。

④技术创新。

持续关注和引入新技术、新设备，推动智慧装卸技术的创新和发展。

在整个智慧装卸业务流程中，应始终遵循安全第一的原则，确保人员和设备的安全。加强与客户的沟通协调，确保装卸计划的准确性和可行性。不断优化装卸业务流程和技术手段，提高装卸效率和服务质量。

智慧装卸业务是一个高度自动化、智能化的过程，它能够有效提高装卸效率、降低成本、增强安全性和准确性，为物流、仓储及制造等行业提供高效、精准的装卸解决方案。

智慧装卸业务流程通过自动化、智能化技术的应用，实现了装卸作业的精准、高效和安全。随着科技的不断进步和物流行业的快速发展，智慧装卸业务流程将不断完善和优化，为物流行业的发展提供更加有力的支持。

2. 智慧装卸业务应用场景

智慧装卸业务应用场景非常广泛，涵盖了物流仓储、生产制造、港口码头、城市物流和特定行业领域等多个领域。

（1）物流仓储领域

在物流仓储中，智慧装卸业务通过智能机器人、AGV、自动化输送线等先进设备，实现了货物的自动入库、出库、分拣和堆垛等操作。这些设备能够精准识别货物，自动规划路径，并在无人工干预的情况下完成装卸任务，显著提高了仓储效率和准确性。同时，通过物联网和大数据技术，物流仓储系统能够实时监控货物状态和库存情况，为物流决策提供有力支持。

①货物分拣与搬运。

在大型电商仓库中，智能搬运车、机器人等设备通过激光雷达、视觉识别等技术，自动完成货物的分拣、搬运和堆垛，提高了仓储效率和准确率，降低了人工成本。例如，某知名电商平台采用智能搬运系统，实现了对商品的自动分拣、贴标识、装箱等操作，显著提升了仓储作业效率。

②库存管理与优化。

利用物联网和大数据技术，智慧装卸系统能够实时追踪货物的库存情况，提供准确的库存报告和预警，帮助仓库管理者优化库存结构，减少库存积压和浪费。

（2）生产制造领域

在生产制造过程中，智慧装卸业务的应用同样广泛。智能拆垛装车机器人、机械臂等设备能够自动完成零部件的搬运、装配和拆垛等工作，减少了人工操作，提高了生产效率和产品质量。特别是在汽车制造、家电制造等行业中，这些设备能够准确、快速地完成大型、重型零部件的装卸任务，降低了工人的劳动强度和安全风险。

①重型设备装卸。

在工业生产中，重型设备的装卸一直是一个难点。采用智慧装卸系统，如智能轨道车、机械臂等设备，可以实现设备的自主运动、智能对接等功能，提高了工作效率和安全性。例如，某汽车制造厂采用智能轨道车和机械臂，实现了生产线上零部件的自动化搬运和装配，有效提升了生产效率和产品质量。

②生产线自动化。

智慧装卸系统还可以与生产线上的其他自动化设备无缝对接，实现生产线的全面自动化。这不仅可以提高生产效率，还可以降低人为错误和安全风险。

（3）港口码头领域

港口码头是智慧装卸业务的重要应用场景之一。在港口码头，智慧装卸系统能够实现集装箱的自动吊装和运输，减少了人工操作，提高了作业效率。例如，烟台港采用的油品装卸船岸智能对接系统，通过集成视觉识别、北斗和5G定位系统、激光引导等先进技术，实现了液化品装卸设备的自动对接和回收，有效提高了作业效率并降低了安全风险。

在港口中，智慧装卸系统可以实现集装箱的自动装卸、堆码和运输。通过远程控制和人工智能技术，操作人员可以在中控室对装卸设备进行远程操控，实现集装箱的高效、准确和安全装卸。

（4）城市物流领域

①末端配送。

在城市物流中，智慧装卸系统能够解决人力不足、堵车等问题，提高末端配送效率和服务水平。例如，智能快递车、机器人等设备可以实现自动投递、智能签收等功能，有效解决了“最后一公里”的配送难题。

②物流园区管理。

在物流园区中，智慧装卸系统可以应用于货物的入库、储存、出库等多个环节。通过自动化和智能化的装卸作业，减少人工干预，提高作业效率和安全性。

（5）特定行业领域

除了上述领域外，智慧装卸业务还在一些特定行业中得到了应用。例如，在食品饮料行业中，智慧装卸设备能够在保证产品卫生的前提下，高效完成产品的装卸任务；在化工行业中，智慧装卸设备能够减少工人与危险化学品的直接接触，降低安全风险；在冷链物流中，智慧装卸系统可以确保货物在装卸过程中保持恒定的温度环境，减少货物损耗和变质的风险，通过集成温度监控和报警系统，可以实时监测货物的温度状态，并在异常情况下及时采取措施。

（6）其他应用场景

智慧装卸业务还可以应用于铁路站场、机场货运等场景。在铁路站场，智慧装卸设备能够实现货物的快速装卸和转运；在机场货运中，智慧装卸系统能够自动完成货物的分拣、打包和运输等工作，提高了货运效率和服务质量。

智慧装卸通过融合现代科技手段，实现了装卸过程的自动化、智能化和高效化，在物流、仓储、制造等行业中发挥着重要作用，推动了相关行业的转型升级和高质量发展。

任务执行

步骤1：以项目组为单位，通过网络搜索或查阅图书等方式查找智慧装卸设备图片、功能，并查找相关视频，总结智慧装卸流程、应用领域，将结果填入表3-1。

表 3-1　　　　智慧装卸设备、流程、应用领域一览表

序号	名称	图片	视频链接	功能	智慧装卸流程	应用领域
1	AGV					
2	机器人搬运系统					
3	自动分拣系统					
4	自动托盘堆垛系统					
5	智慧装卸机器人					
6	自动输送线					

步骤 2：各项目组制作关于智慧装卸设备、流程、应用领域的 PPT 并上台分享。

任务评价

在完成上述任务后，教师组织三方评价，完成表 3-2 的填写（满分 10 分，评价标准明细项目分值由教师根据培养目标和学情分析自行确定），并对学生任务执行情况进行点评。

表 3-2　　　　任务评价表

班级		项目组名称				
组长		成员				
评价要素	评价标准	评价依据	个人（10%）	项目组（30%）	教师（60%）	权重
知识	（1）熟悉智慧装卸设备。 （2）熟悉智慧装卸流程和应用领域	表 3-1 填写情况				40%
能力	（1）识别智慧装卸设备。 （2）表述智慧装卸流程和应用领域	PPT 制作情况和上台分享情况				40%
素养	（1）遵守课堂管理规定。 （2）按时完成学习任务。 （3）有吃苦耐劳、团结协作的精神。 （4）服从管理，文明操作。 （5）有组织研讨的能力。 （6）学习积极主动、勤学好问	（1）考勤。 （2）课堂表现				20%

任务二　了解智慧运输调度

任务描述

子任务1：学生以项目组为单位，通过网络搜索或查阅图书等方式结合学习内容了解智慧运输调度技术。

子任务2：根据查找到的资料归纳总结智慧运输调度的性能和应用。

子任务3：每个项目组将所收集到的资料整理制作成汇报PPT，并推荐同学做分享汇报。

岗前培训

岗前培训1：智慧运输调度的基本概念

1. 智慧运输调度的定义

智慧运输调度是指利用大数据、人工智能等先进技术手段，对运输过程中的车辆、货物、人员等资源进行实时监控、智能分析和优化调度的过程。其目的在于提高运输效率、降低运输成本、优化资源配置，并提升物流运输的安全性和可靠性。

2. 智慧运输调度的特点

实时监控：通过物联网技术，对运输车辆、货物等进行实时定位和状态监控，确保信息的准确性和及时性。

智能分析：利用大数据分析和人工智能算法，对收集到的运输数据进行深度挖掘和分析，发现潜在的问题和规律，为调度决策提供科学依据。

优化调度：基于实时数据和智能分析结果，自动调整运输计划、路线规划和车辆调度等，实现资源的优化配置和高效利用。

3. 智慧运输调度的功能

智慧运输调度的功能是现代物流运输体系中不可或缺的一部分，它利用大数据、人工智能等先进技术手段，对运输过程进行智能化管理和优化调度。

（1）实时监控与数据采集

①车辆监控。

通过GPS、北斗等卫星定位技术，实时获取运输车辆的位置、行驶速度、行驶路线等信息，确保车辆安全和准时到达。

②货物追踪。

利用RFID、条码等技术手段，对货物进行唯一标识和实时追踪，确保货物的安全运输和准确交付。

③路况监测。

结合交通数据、气象信息等，实时监测道路拥堵、交通事故、天气变化等情况，为调度决策提供数据支持。

（2）智能分析与预测

①数据分析。

运用大数据分析和人工智能算法，对收集到的运输数据进行深度挖掘和分析，发现潜在的问题和规律，如运输效率瓶颈、成本节约空间等。

②需求预测。

基于历史数据和实时数据，预测未来的运输需求变化，为运输资源的合理配置提供科学依据。

③风险预警。

通过数据分析，提前识别运输过程中可能存在的风险，如车辆故障、货物损坏等，并采取相应的预防措施。

（3）优化调度与决策支持

①路线规划。

根据货物的起始地点和目的地，结合实时路况和交通政策，自动规划最优的运输路线，减少运输时间和成本。

②车辆调度。

根据货物的种类、数量、优先级及车辆的载重、油耗等条件，自动生成最优的车辆调度方案，确保运输任务的顺利完成。

③动态调整。

在运输过程中，根据实时数据和预测结果，动态调整运输计划和调度指令，以应对突发情况和变化需求。

（4）协同作业与信息共享

①跨部门协同。

实现运输部门与其他相关部门（如仓储、销售、客服等）之间的信息共享和协同作业，提高整体运营效率。

②供应链协同。

在供应链管理中，与供应商、分销商等合作伙伴实现信息共享和协同调度，提高供应链的透明度和响应速度。

③信息共享平台。

建立统一的信息共享平台，为各参与方提供实时、准确的运输信息和数据支持。

（5）提升效率与降低成本

①提高运输效率。

通过优化调度和路线规划，减少运输时间和成本，提高运输效率。

②降低运营成本。

通过智能分析和预测，优化资源配置，减少浪费，降低运营成本。

③提升客户满意度。

通过提高运输效率和服务质量，提升客户满意度和忠诚度。

智慧运输调度功能在实时监控、智能分析、优化调度、协同作业和提升效率等方面发挥着重要作用，是现代物流运输体系中不可或缺的一部分。

4. 智慧运输调度的发展趋势

（1）技术融合与创新

①AI 与大数据的深度应用。

随着人工智能和大数据技术的不断发展，智慧运输调度系统将更加智能化和精准化。通过深度学习和机器学习算法，系统能够更准确地预测运输需求、优化路线规划和车辆调度，提高运输效率。

②物联网技术的普及。

物联网技术将进一步普及，实现运输车辆、货物、仓库等环节的全面互联。通过物联网传感器收集的实时数据可以为智慧运输调度系统提供更加丰富和准确的信息。

（2）自动化与智能化

①自动驾驶技术的突破。

自动驾驶技术在物流运输领域的应用将逐渐成熟，实现运输车辆的自动驾驶和远程操控。这将大大减少人力成本，提高运输安全性和效率。

②智能调度算法的升级。

智能调度算法将不断优化和升级，实现更加复杂的调度任务。例如，基于多目标优化和约束条件的调度算法将能够处理更多维度的调度问题，提高调度决策的准确性和实用性。

（3）绿色与可持续发展

①绿色运输理念的推广。

随着环保意识的提高，绿色运输理念将得到更广泛的推广。智慧运输调度系统将更加注重节能减排和环保效益，通过优化运输路线和车辆调度，减少能源消耗和排放。

②可再生能源的应用。

在运输车辆和仓储设施中，可再生能源的应用将逐渐增加。例如，使用太阳能和风能等可再生能源为运输车辆提供动力或电力支持，降低对传统能源的依赖。

（4）协同与共享

①供应链协同。

智慧运输调度系统将更加注重与供应链的协同作业。通过信息共享和协同调度，实现供应链上下游企业之间的无缝衔接和高效协同，提高整体供应链的响应速度和竞争力。

②资源共享。

在运输资源方面，将更加注重资源的共享和优化配置。通过智慧运输调度系统，实现运输车辆、仓库等资源的共享和高效利用，降低运输成本，提高资源利用率。

（5）个性化与定制化

①个性化服务。

随着消费者需求的多样化和个性化趋势的加强，智慧运输调度系统将更加注重提供个性化服务。例如，企业可根据客户的特定需求和时间要求，提供定制化的运输方案和调度服务。

②定制化产品。

在运输产品方面，将更加注重定制化产品的开发和推广。通过智慧运输调度系统，可实现运输产品的定制化设计和生产，满足客户的特定需求和期望。

智慧运输调度的发展趋势将呈现技术融合与创新、自动化与智能化、绿色与可持续发展、协同与共享以及个性化与定制化等特点。这些趋势将推动智慧运输调度系统的不断升级和完善，为物流运输行业带来更多的便利和效益。

✣ 岗前培训 2：智慧运输调度技术

智慧运输调度技术是指利用现代信息技术手段，对运输过程进行智能化管理和优化调度的技术体系。

1. 技术基础与核心算法

（1）大数据、物联网与云计算

①大数据。

通过大数据技术可收集物流过程中的海量数据，包括订单信息、车辆位置、货物状态、交通状况等。

②物联网（IoT）。

物联网技术使各类设备和系统能够互联互通，实时传输数据，为智慧运输调度提供精确的信息源。

③云计算。

云计算具备强大的数据存储和处理能力，能够支持大数据的实时分析和智能决策。

（2）人工智能算法

①机器学习。

机器学习通过历史数据训练模型，使系统能够自动学习和优化调度策略。

②深度学习。

深度学习被用于处理复杂的物流场景，如路径规划、货物分类等。

③优化算法。

优化算法，如遗传算法、蚁群算法等，被用于解决物流调度中的组合优化问题，实现最优的资源分配和任务调度。

2. 核心功能

（1）智能路线规划

智慧运输调度可根据货物的起始地点和目的地，结合实时交通信息和历史数据，自动规划最优的运输路线，避免拥堵，减少运输时间和成本。

（2）车辆智能调度

智慧运输调度可根据运输任务和车辆状态，智能安排车辆的调度计划，包括发车时间、行驶路线、停靠站点等，提高车辆利用率和运输效率；根据货物的种类、数量和优先级，以及车辆的状态和位置，自动安排最优的货车调度方案，确保货物按时到达目的地。

（3）智能预警与应急处理

智慧运输调度可通过数据分析和预测，提前发现潜在的运输风险和问题，如车辆故障、路况拥堵等，并采取相应的预警和应急处理措施，确保运输过程的安全和顺畅。实时监控货车的位置、行驶速度、行驶路线等信息，及时发现和解决车辆异常问题，提高物流运输的安全性。

（4）数据分析与决策支持

智慧运输调度可对物流过程中的各种数据进行深度分析，提取有价值的信息和规律，为管理层提供决策支持。通过数据分析，不断优化调度策略，提高物流效率和客户满意度。

3. 优势与特点

（1）提高效率

智慧运输调度系统通过自动化调度和智能优化，减少人为干预和错误，提高工作效率。

（2）降低成本

智慧运输调度系统可优化资源配置，减少空载率，降低运输成本和运营成本。

（3）提升服务质量

智慧运输调度系统可提供实时、准确的信息支持，帮助用户做出更合理的决策，提升服务质量和用户满意度。

（4）增强应变能力

智慧运输调度系统可以根据企业需求和市场变化，快速调整调度策略，提高企业的应变能力。

4. 应用场景

（1）物流园区

在物流园区内，智慧运输调度技术可以实现货物的快速分拣、装载和配送，提高园区的运营效率。

（2）城市配送

在城市配送领域，智慧运输调度技术可以根据交通状况和客户需求，灵活调整配送路线和时间，提高配送效率和客户满意度。

（3）跨境物流

在跨境物流中，智慧运输调度技术可以处理复杂的国际运输规则和海关手续，实现跨境货物的快速通关和配送。

5. 发展趋势

（1）技术融合

随着技术的不断发展，智慧运输调度技术将更加注重技术融合与创新。智慧运输调度技术将与更多先进技术相融合，如将物联网、大数据、人工智能等技术进行深度融合。

（2）个性化服务

随着大数据和人工智能技术的发展，智慧运输调度系统将更加注重个性化服务，相应地，智慧运输调度技术也会往对应的方向发展。

（3）协同与共享

在供应链协同和资源共享的趋势下，智慧运输调度技术将更加注重与供应链上下游企业的协同作业和资源共享。

（4）绿色与可持续发展

在环保意识的推动下，智慧运输调度技术将更加注重绿色与可持续发展。通过优化运输路线和车辆调度，减少能源消耗和排放；同时，推广使用新能源车辆和清洁能源技术，实现运输过程的低碳化和环保化。

（5）技术创新

随着大数据、云计算、人工智能等技术的不断进步，智慧运输调度系统的功能和性能将得到进一步提升。

（6）跨界融合

智慧运输调度系统将与企业其他信息系统（如 ERP、CRM 等）及物联网、区块链等技术实现跨界融合，为企业提供更加完善的管理解决方案。

智慧运输调度技术是现代物流运输领域的重要支撑和推动力量。随着技术的不断进步和应用场景的不断拓展，智慧运输调度技术将为物流运输行业带来更多的便利和效益。智慧物流中智慧运输调度技术是一项至关重要的组成部分，它利用现代信息技术实现物流资源的优化配置和物流任务的高效执行。

✣ 岗前培训 3：智慧运输调度的业务流程与应用场景

1. 智慧运输调度的业务流程

智慧运输调度的业务流程是一个复杂而精细的过程，它涵盖了从接收运输需求到完成运输任务的全链条管理。

（1）需求接收与分析

①接收运输需求。

企业可通过电子渠道（如在线平台等）接收客户的运输需求，包括货物类型、数量、起止地点、运输时间等关键信息。

②需求分析。

企业对接收到的运输需求进行详细分析，包括货物的属性（如是否易燃易爆、是否需要特殊保管等）、运输距离、运输时间要求等，以便为后续的调度安排提供依据。

（2）资源调度与安排

①车辆调度。

根据货物属性和运输需求，在智慧运输调度系统中选择合适的运输车辆。这需要考虑车辆的载重能力、类型（如厢式货车、冷藏车等）、车况等因素。

②驾驶员指派。

为选定的车辆指派合适的驾驶员，应考虑其驾驶技能、经验、身体状况及是否熟悉运输路线等因素。

③线路规划。

利用智慧运输调度系统规划最优的运输路线，考虑路况、交通政策、天气等因素，确保运输过程的安全、快捷和经济性。

（3）任务执行与监控

①任务执行。

驾驶员按照调度安排执行运输任务，包括装载货物、按照规划路线行驶、按时到达目的地等。

②实时监控。

通过物联网设备（如 GPS、RFID 等）对运输过程进行实时监控，收集车辆位置、行驶速度、货物状态等关键信息，确保运输过程的安全和可控。

（4）任务完成与反馈收集

①任务完成。

驾驶员将货物安全送达目的地后，完成运输任务。此时，需要与客户进行确认，确保货物无损、数量正确等。

②反馈收集。

任务完成后，企业应收集客户对运输服务的反馈意见，包括服务态度、运输效率、货物安全等方面，以便对后续的服务进行改进和优化。

（5）数据分析与调度优化

①数据分析。

对运输过程中的数据进行收集和分析，包括运输时间、成本、效率等关键指标，以及客户反馈信息等。

②优化调度。

根据数据分析结果，对智慧运输调度系统进行优化和改进，提高调度效率、降低运输成本、提升服务质量。

智慧运输调度的业务流程是一个闭环的、动态的过程，它通过现代信息技术手段实现运输过程的智能化管理和优化调度。通过不断优化和改进业务流程，可以提高运输效率、降低运输成本、提升客户满意度，为物流运输行业带来更多的便利和效益。

通过以上业务流程，智慧运输调度技术能够实现对运输任务的全面管理和控制，提高运输效率、降低成本、提升客户满意度。

2. 智慧运输调度的应用场景

智慧运输调度的应用场景广泛且多样，主要涵盖了物流、交通、供应链等多个领域。

（1）物流配送

在电商、快递等行业中，智慧运输调度技术发挥着至关重要的作用。通过实时监控配送车辆的位置和状态，系统能够确保货物按时送达客户手中。同时，利用智能算法优化配送路线和车辆调度，降低了空驶率和运输成本，提高了配送效率。

（2）冷链物流

对于生鲜食品、医药品等需要冷藏保鲜的货物运输而言，智慧运输调度技术能够实时监控温度、湿度等参数，确保货物在运输过程中始终保持最佳状态。通过智能调节车辆内部的温度、湿度等条件，防止货物变质或损坏。

（3）应急物资运输

在应对自然灾害、突发事件等时，智慧运输调度系统能够迅速响应，为灾区提供急需的物资支持。通过智能调度和实时路况信息监测，系统能够确保应急物资快速、准确地送达灾区，减少灾害损失。

（4）长途运输

在长途货物运输中，智慧运输调度技术能够提供精准的导航和路况信息，帮助驾驶员选择最佳行驶路线。同时，通过实时监控车辆状态和驾驶员行为，系统能够确保长途运输的安全和准时。

（5）供应链管理

在供应链管理中，智慧运输调度技术能够实现对供应链各环节的实时监控和调度。通过优化供应链的各个环节，提高供应链的响应速度和灵活性，降低库存成本和运输成本。

智慧运输调度技术在物流配送、冷链物流、应急物资运输、长途运输和供应链管理等多个方面都有着广泛的应用，并发挥着重要的作用。

任务执行

步骤 1：以项目组为单位，通过网络搜索或查阅图书等方式查找智慧运输调度技术、功能、流程、应用的图片，归纳总结智慧运输调度技术、功能、流程及应用领域，将结果填入表 3-3。

表 3-3　智慧运输调度技术、功能、流程、应用一览表

项目	技术	图片	功能	流程	应用领域
智慧运输调度					

步骤 2：各项目组制作关于智慧运输调度的 PPT 并上台分享。

任务评价

在完成上述任务后，教师组织三方评价，完成表 3-4 的填写（满分 10 分，评价标准明细项目分值由教师根据培养目标和学情分析自行确定），并对学生任务执行情况进行点评。

表 3-4　任务评价表

<table>
<tr><td>班级</td><td></td><td>项目组名称</td><td colspan="4"></td></tr>
<tr><td>组长</td><td></td><td>成员</td><td colspan="4"></td></tr>
<tr><td>评价要素</td><td>评价标准</td><td>评价依据</td><td>个人（10%）</td><td>项目组（30%）</td><td>教师（60%）</td><td>权重</td></tr>
<tr><td>知识</td><td>（1）熟悉智慧运输调度技术的特点、功能。
（2）熟悉智慧运输调度的业务流程和应用领域</td><td>表 3-3 填写情况</td><td></td><td></td><td></td><td>40%</td></tr>
<tr><td>能力</td><td>（1）识别智慧运输调度业务。
（2）表述智慧运输调度的业务流程和应用领域</td><td>PPT 制作情况和上台分享情况</td><td></td><td></td><td></td><td>40%</td></tr>
<tr><td>素养</td><td>（1）遵守课堂管理规定。
（2）按时完成学习任务。
（3）有吃苦耐劳、团结协作的精神。
（4）服从管理，文明操作。
（5）有组织研讨的能力。
（6）学习积极主动、勤学好问</td><td>（1）考勤。
（2）课堂表现</td><td></td><td></td><td></td><td>20%</td></tr>
</table>

任务三　知悉智慧运输在途管理

任务描述

子任务 1：学生以项目组为单位，通过网络搜索或查阅图书等方式结合学习内容了解智慧运输在途管理业务。

子任务 2：根据查找到的资料归纳总结智慧运输在途管理技术及应用领域。

子任务 3：每个项目组将所收集到的资料整理制作成汇报 PPT，并推荐同学做分享汇报。

岗前培训

✣ 岗前培训 1：智慧运输在途管理的基本概念

智慧运输在途管理主要涉及对运输过程中各个环节的智能化监控、调度和管理，以确保运输任务的顺利执行和运输效率的提升。

1. 定义

智慧运输在途管理是指利用现代信息技术（如物联网、大数据、云计算、人工智能等）对运输过程中的车辆、货物、人员等进行实时监控、调度和管理，以实现运输过程的可视化、智能化和高效化。

2. 主要功能

智慧运输在途管理主要依托现代信息技术手段，对运输过程中的各个环节进行实时监控、优化调度和数据分析，以提高运输效率、降低运输成本、增强运输安全性，并提升整体服务水平。

（1）实时追踪与监控

①车辆位置追踪。

智慧运输在途管理通过 GPS、北斗等卫星定位技术，实时获取运输车辆的位置信息，并在地图上动态展示，帮助管理者实时掌握车辆位置。

②货物状态监控。

智慧运输在途管理通过物联网技术，对运输货物进行实时监控，监控货物的温度、湿度、振动等状态，确保货物在运输过程中的安全。

③行驶轨迹记录。

记录并保存车辆的行驶轨迹，方便后续查询和分析，同时可作为事故调查的依据。

（2）调度与优化

①智能调度。

智慧运输在途管理可根据运输需求、车辆状态和路况信息，智能生成最优的运输调度方案，包括车辆分配、路线规划等。

②动态调整。

在运输过程中，智慧运输在途管理可根据实际情况对调度方案进行动态调整，以应对突发事件或路况变化。

③多式联运管理。

对于涉及多种运输方式的货物运输，智慧运输在途管理有助于实现不同运输方式之间的无缝衔接和协同管理。

（3）数据分析与决策支持

①数据分析。

智慧运输在途管理可对运输过程中的数据进行收集、整理和分析，包括运输时间、成本、效率等关键指标，以及车辆利用率、故障率等运营数据。

②决策支持。

智慧运输在途管理基于数据分析结果，为管理者提供决策支持，包括优化运输网络、改进调度策略、降低运营成本等。

（4）安全预警与应急处理

①安全预警。

智慧运输在途管理通过实时监控和数据分析，可发现潜在的运输安全风险，如超速、超载、偏航等，并能及时发出预警。

②应急处理。

在发生运输事故或紧急情况时，智慧运输在途管理可迅速启动应急预案，组织救援力量，减少损失和影响。在地震或洪水等自然灾害发生时，智慧运输在途管理系统能够通过地理信息系统（GIS）识别受影响区域，快速调整运输计划。同时与救援机构合作，组织紧急物资运输，确保救灾物资能够及时送达需要的地区。交通事故发生时，智慧运输在途管理系统可以自动识别事故地点，并立即向应急处理中心发送报警信息。应急响应团队能迅速到达现场，同时通过实时监控情况，优化其他车辆的行驶路线，减少二次事故的发生。

（5）信息共享与协同作业

①信息共享。

通过智慧运输在途管理，企业可与供应链上下游企业实现信息共享，包括运输需求、车辆状态、货物状态等信息的共享，提高供应链的透明度和协同效率。

②协同作业。

通过协同平台或系统，实现不同部门、不同企业之间的协同作业，共同完成运输任务。

智慧运输在途管理的功能涵盖了实时追踪与监控、调度与优化、数据分析与决策支持、安全预警与应急处理以及信息共享与协同作业等多个方面，这些功能共同构成了智慧运输在途管理的完整体系。通过这些功能，可以显著提升运输效率、降低运输成本、增强运输安全性，并提升整体服务水平。

3. 意义与价值

智慧运输在途管理的实施，可以显著提升运输效率、降低运输成本、提高运输安全性和服务质量。同时，通过数据分析和挖掘，还可以为企业提供更多的商业洞察和决策支持，推动企业的数字化转型和智能化升级。智慧运输在途管理是现代物流运输领域的重要发展方向，对于提升运输效率、降低运输成本、提高运输安全性和服务质量具有重要意义。

✣ 岗前培训 2：智慧运输在途管理技术

智慧运输在途管理技术是现代物流运输领域的一项重要技术，它融合了物联网、大数据、人工智能、云计算等多种先进技术，实现了对运输过程中的车辆、货物、驾驶员等进行实时监控、调度、优化和安全管理。

1. 物联网技术

物联网技术是实现智慧运输在途管理的基础。通过在运输车辆、货物上安装物联网设备（如 GPS 定位器、RFID 标签、温度传感器等），可以实时采集和传输车辆位置、速度、行驶轨迹和货物状态（如温度、湿度）等关键信息。这些信息通过无线网络传输到云端服务器，供管理者进行实时监控和分析。

2. 大数据技术

大数据技术用于处理和分析物联网设备采集的海量数据。通过对这些数据进行挖掘和分析，可以揭示运输过程中的规律和问题，为管理者提供决策支持。例如，可以利用大数据技术对车辆行驶轨迹进行分析，优化运输路线；对货物状态进行监测，预测潜在风险；对驾驶员行为进行分析，提高驾驶安全性等。

3. 人工智能技术

人工智能技术在智慧运输在途管理中发挥着重要作用。通过应用机器学习、深度学习等算法，可以对运输过程进行智能预测。例如，可以利用人工智能技术对交通流量进行预测，提前规划运输路线；对车辆故障进行预警，提前安排维修；对驾驶员疲劳驾驶进行监测，及时提醒休息等。例如，通过智能算法可以实现路线规划、异常检测、驾驶员行为分析等功能，提高运输效率和安全性。

4. 云计算技术

云计算技术为智慧运输在途管理提供了强大的数据存储和计算能力。通过将运输过程中的数据存储在云端服务器，可以实现数据的集中管理和共享。同时，云计算技术还可以提供弹性可扩展的计算资源，满足运输过程中不断变化的计算需求，支持智慧运输在途管理系统的运行和扩展。云计算技术使得数据处理和分析更加高效、灵活和可靠。

5. 实时追踪与监控技术

实时追踪与监控技术是智慧运输在途管理的核心功能之一。通过物联网设备和大数据技术，可以实时获取运输车辆和货物的位置信息、状态信息等，并在地图上动态展示。管理者可以通过手机、计算机等终端设备随时随地查看运输情况，实现对运输过程的实时监控和管理。

6. 智能调度与优化技术

智能调度与优化技术可以根据运输需求、车辆状态、路况信息等因素，智能生成最优的运输调度方案。通过动态调整运输计划、优化运输路线和车辆配置等措施，可以提高运输效率、降低运输成本、减少资源浪费。

7. 安全预警与应急处理技术

安全预警与应急处理技术是保障运输安全的重要手段。通过实时监控和数据分析，可以及时发现运输过程中的潜在风险和问题，并发出预警信号。同时，还可以制定应急预案和处置流程，在发生突发事件时迅速响应和处理，减少损失和影响。

智慧运输在途管理技术是一项综合性的技术体系，对其的应用不仅提高了运输效率和服务质量，还降低了运输成本和风险，为现代物流运输行业的发展注入了新的活力。

✣ 岗前培训 3：智慧运输在途管理的业务流程与应用场景

1. 智慧运输在途管理的业务流程

智慧运输在途管理的业务流程是一个复杂而精细的系统，它涵盖了从订单接收到货物最终送达客户的全过程。

（1）订单接收与处理

①订单接收。

客户通过线上平台或线下渠道下单，订单信息被录入智慧运输系统。

②订单处理。

系统自动对订单进行处理，包括验证订单信息、分配仓库、选择运输方式等。

（2）货物准备与装载

①货物准备。

根据订单信息，仓库进行货物的拣选、包装和称重等操作。

②装载。

将准备好的货物装载到指定的运输车辆上，并进行装车确认。装车确认的信息直接导入系统。

（3）在途运输与监控

①路线规划。

系统根据实时路况、运输距离、货物特性等因素，自动规划最优运输路线。

②实时监控。

通过 GPS、北斗等卫星定位技术，实时获取运输车辆的位置信息。利用物联网技术，对运输货物进行实时监控，确保货物在运输过程中的安全。系统实时更新车辆位置、预计到达时间等信息。这些信息被实时传输到智慧运输系统，并在可视化界面上展示，供客户和管理者查询。

（4）异常处理

系统对运输过程中的异常情况（如车辆故障、交通拥堵、货物损坏等）进行实时监测和预警，并采取相应的处理措施。

通过实时监控和数据分析技术，及时发现运输过程中的潜在风险和问题，并发出预警信号。

制定应急预案和处置流程，在发生突发事件时迅速响应和处理，减少损失和影响。

（5）到达与签收

①到达通知。

当运输车辆接近目的地时，系统会自动向收货人发送到达通知。

②签收。

收货人确认货物无误后，在系统中进行签收操作。签收信息被记录并反馈给发货方和运输公司。

（6）数据分析与反馈优化

①数据分析。

智慧运输系统对运输过程中的数据进行收集、处理和分析，以评估运输效率、成本和服务质量等指标。

②反馈优化。

根据数据分析结果，对运输流程进行优化和改进，以提高运输效率和客户满意度。

（7）技术支持与保障

①系统维护。

企业定期对智慧运输系统进行维护和升级，确保系统的稳定运行和数据的安全。

②客户服务。

企业提供客户服务支持，解答客户在运输过程中遇到的问题和疑虑。

智慧运输在途管理的业务流程是一个高度信息化、自动化的过程，它通过先进的技术手段和管理理念，实现了对运输过程的实时监控、调度、优化和安全管理。这种流程不仅提高了运输效率和服务质量，还降低了运输成本和风险，为现代物流运输行业的发展注入了新的活力。

2. 智慧运输在途管理的应用场景

智慧运输在途管理的应用场景广泛，涵盖了物流运输的多个环节和领域。

（1）物流配送

在电商、快递等行业中，智慧运输在途管理技术被广泛应用于物流配送环节。通过实时追踪运输车辆和货物的位置、状态，以及智能调度和优化路线，实现订单的快速配送和货物的安全送达。

①实时定位与追踪。

系统利用 GPS 定位技术实时获取车辆位置，结合 GIS 地图展示运输轨迹。

②货物状态监控。

系统通过传感器监测货物的温度、湿度等状态，确保货物在运输过程中的品质和安全。

（2）冷链物流

在食品、医药等对温度敏感的行业中，冷链物流是确保货物品质和安全的关键环节。智慧运输在途管理技术通过实时监控和温度控制，保障货物在运输过程中的温度稳定性。

①温度监控。

通过物联网设备实时获取货物的温度信息，并在系统界面上展示温度曲线和异常报警。

②智能预警。

当货物温度超出设定范围时，系统自动发出预警通知，提醒相关人员采取措施。

③数据分析与优化。

通过大数据分析，优化冷链运输路线和装载计划，降低能耗和成本。

（3）长途运输

在长途运输领域，智慧运输在途管理技术帮助运输公司提高运输效率、降低运输成本和增强运输安全性。通过实时路况信息监控和智能调度，实现车辆的精准导航和高效运输。

①实时路况导航。

系统结合实时路况信息和最优路线规划算法，为运输车辆提供精准的导航服务。

②驾驶员行为监控。

系统通过车载设备监控驾驶员的驾驶行为，如超速、疲劳驾驶等，并发出预警通知。

③安全管理。

建立车辆安全管理系统，该系统具备车辆故障预警、紧急救援等功能，确保运输安全。

（4）应急物资运输

在应对自然灾害、突发事件等时，应急物资的及时送达对于救援工作至关重要。智慧运输在途管理技术通过快速响应和智能调度，确保应急物资的快速运输和准确送达。

①快速响应。

建立应急响应机制，当发生自然灾害等时，迅速启动应急预案并调度运输资源。

②智能调度。

系统根据应急物资的需求和运输条件，自动规划最优运输路线并下发调度指令。

③实时监控与反馈。

系统实时监控应急物资的运输状态和位置信息，并及时向相关部门和人员反馈运输情况。

（5）跨境物流

在跨境物流领域，智慧运输在途管理技术帮助解决物流过程中的信息不对称和协同难题，推动跨境贸易的便利化和规模化发展。

①信息集成与共享。

智慧运输在途管理通过信息化手段实现物流信息的集成和共享，提高物流作业的透明度和协同效率。

②智能清关与报关。

智慧运输在途管理利用智能技术实现清关和报关的自动化处理，缩短通关时间并降低成本。

③跨境运输监控。

系统对跨境运输过程进行实时监控和跟踪，确保货物的安全送达和准时交付。

智慧运输在途管理技术在物流配送、冷链物流、长途运输、应急物资运输和跨境物流等多个领域具有广泛的应用前景和重要的应用价值。随着技术的不断进步和应用场景的不断扩展，智慧运输在途管理技术将为物流行业的发展带来更多的创新和突破。

任务执行

步骤 1：以项目组为单位，通过网络搜索或查阅图书等方式查找与智慧运输在途管理有关的视频，归纳总结智慧运输在途管理的特点、功能、技术、流程和应用，将结果填入表 3-5。

表 3-5　　智慧运输在途管理的特点、功能、技术、流程和应用一览表

项目	特点	功能	视频链接	技术	流程	应用
智慧运输在途管理						

步骤 2：各项目组制作关于智慧运输在途管理的 PPT 并上台分享。

任务评价

在完成上述任务后，教师组织三方评价，完成表 3-6 的填写（满分 10 分，评价标准明细项目分值由教师根据培养目标和学情分析自行确定），并对学生任务执行情况进行点评。

表 3-6　　任务评价表

<table>
<tr><td>班级</td><td></td><td>项目组名称</td><td colspan="4"></td></tr>
<tr><td>组长</td><td></td><td>成员</td><td colspan="4"></td></tr>
<tr><td>评价要素</td><td>评价标准</td><td>评价依据</td><td>个人（10%）</td><td>项目组（30%）</td><td>教师（60%）</td><td>权重</td></tr>
<tr><td>知识</td><td>（1）熟悉智慧运输在途管理的特点和功能。
（2）熟悉智慧运输在途管理技术</td><td>表 3-5 填写情况</td><td></td><td></td><td></td><td>40%</td></tr>
<tr><td>能力</td><td>（1）识别智慧运输在途管理业务。
（2）表述智慧运输在途管理的业务流程。
（3）表述智慧运输在途管理的应用领域</td><td>PPT 制作情况和上台分享情况</td><td></td><td></td><td></td><td>40%</td></tr>
<tr><td>素养</td><td>（1）遵守课堂管理规定。
（2）按时完成学习任务。
（3）有吃苦耐劳、团结协作的精神。
（4）服从管理，文明操作。
（5）有组织研讨的能力。
（6）学习积极主动、勤学好问</td><td>（1）考勤。
（2）课堂表现</td><td></td><td></td><td></td><td>20%</td></tr>
</table>

04 PROJ 项目四 智慧配送

◎知识目标

- 了解智慧配送的基本概念。
- 了解智慧配送的关键技术。
- 熟悉智慧配送的主要应用场景。
- 了解智慧配送的未来发展趋势。
- 了解新技术对智慧配送的影响。

◎能力目标

- 能够识别常见的智慧配送设备。
- 具备创新思维。
- 能够团队协作。

◎思政目标

- 增强环保意识。
- 强化社会责任感。
- 树立职业道德，培养职业精神。

知识图谱

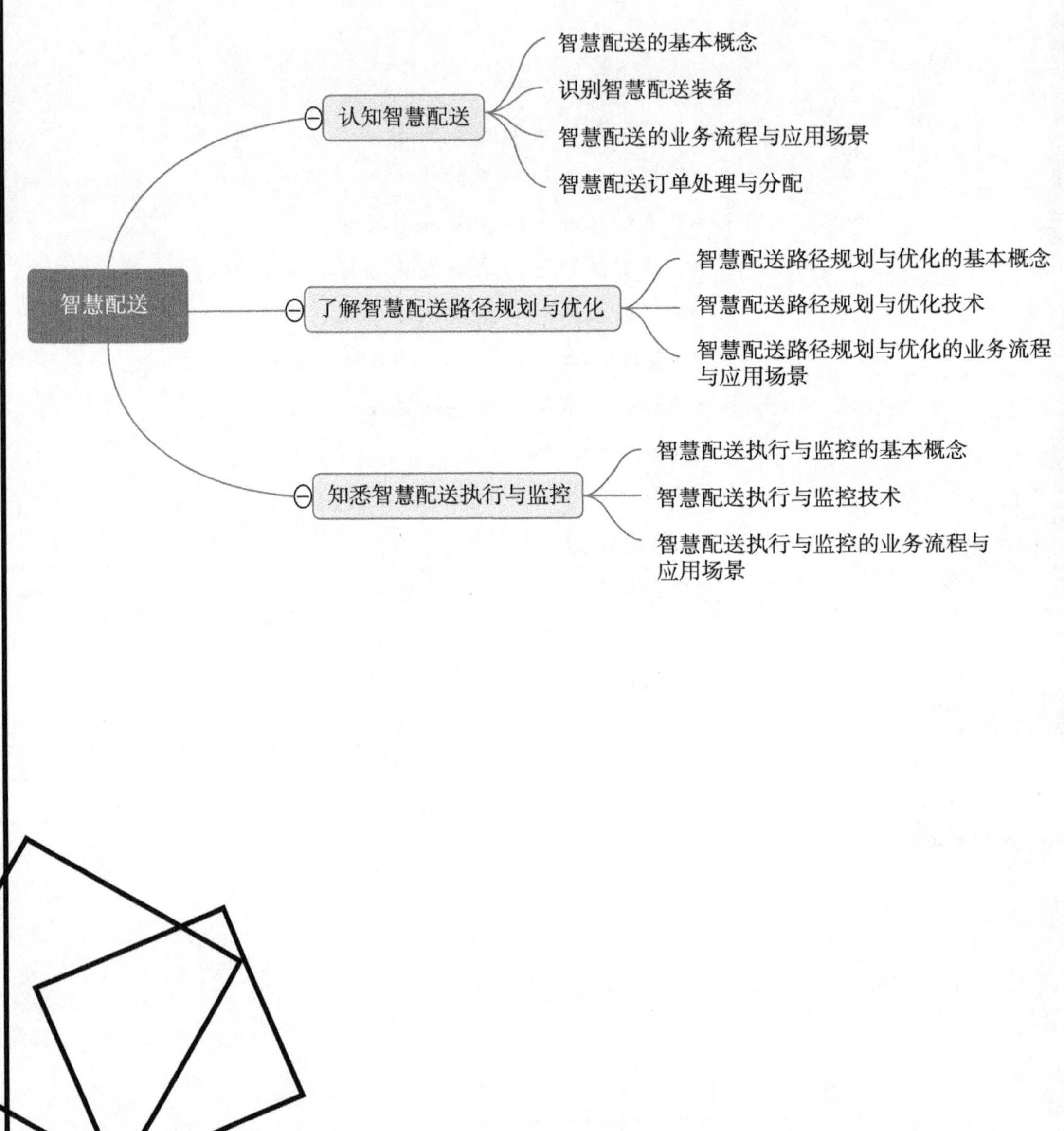

智慧配送
认知智慧配送
智慧配送的基本概念
识别智慧配送装备
智慧配送的业务流程与应用场景
智慧配送订单处理与分配
了解智慧配送路径规划与优化
智慧配送路径规划与优化的基本概念
智慧配送路径规划与优化技术
智慧配送路径规划与优化的业务流程与应用场景
知悉智慧配送执行与监控
智慧配送执行与监控的基本概念
智慧配送执行与监控技术
智慧配送执行与监控的业务流程与应用场景

岗位分析

岗位：物流配送管理员

- **岗位职责：**利用智慧物流系统进行物资的统一调度和配送，确保物资按时、按量、按质送达目的地。
- **典型工作任务：**物资调度、物资配送。
- **职业素质：**具有诚信责任意识、沟通意识、协作意识、服务意识、安全意识、法规意识。
- **职业能力：**具备物流设备、工具使用能力和一定的数据分析能力，具有较强的沟通能力，强烈的安全意识，一定的技术素养，有持续学习的能力及灵活应变的能力。
- **可持续发展能力：**持续学习的能力与抗压能力。

项目导读

随着电子商务的蓬勃发展，消费者对物流服务的要求不断提高，传统配送模式已难以满足市场需求，智慧配送应运而生。

智慧配送利用先进的信息技术，实现配送过程的智能化和高效化，以提升物流效率和客户满意度。配送活动高度信息化、自动化、协同化、敏捷化和集成化，使配送过程更加便捷、高效和人性化。

智慧配送通过传感器和设备互联，实现货物的实时追踪和信息的透明化，提高物流效率。例如，利用 RFID 和 GPS 等技术，对配送过程中的货物进行实时监控和位置追踪。

智慧配送对海量配送数据进行挖掘和分析，优化库存管理、预测需求、提升物流配送的效率和准确性。通过大数据分析，企业可以更加精准地把握市场动向，合理制订配送计划。

智慧配送利用智能算法和机器学习，实现物流过程的自动化决策和优化。例如，通过人工智能技术进行路径规划、智能调度和自动装卸等，提高配送效率。同时，智能客服系统可以提供快速响应的客户服务，提升客户满意度。

智慧配送在电商物流领域的应用广泛，旨在提高配送效率、降低成本、提升客户满意度。通过智慧配送系统，电商平台可以快速、准确地将商品送达消费者手中。

在冷链物流领域，智慧配送通过智能化的温度控制和实时监控系统，确保冷链物品在整个配送过程中保持恒定温度，防止物品变质或受损。

智慧配送利用人工智能技术对跨境物流进行智能预测和管理，提高物流效率和准确性。同时，通过物联网技术实现跨境物流的全程跟踪和监控，提高了配送的透明度和安全性。

智慧配送通过自动化和智能化技术，减少人力操作，提高配送效率；优化配送路径和库存管理，减少浪费和不必要的支出；提供实时监控和快速响应的客户服务，提升客户满意度。

随着科技的进步和政策的支持，智慧配送将向更加自动化、智能化和绿色化的方向发展。未来，无人化技术（如无人机、无人车等）将在智慧配送中发挥更大作用，进一步提高配送效率和安全性。同时，智慧配送将与其他产业进行深度融合，形成更加完善的供应链体系，推动物流产业的升级和转型。

任务一　认知智慧配送

任务描述

子任务1：学生以项目组为单位，通过网络搜索或查阅图书等方式结合学习内容认知智慧配送。

子任务2：根据查找到的资料归纳总结智慧配送的特点和关键技术等。

子任务3：每个项目组将所收集到的资料整理制作成汇报PPT，并推荐同学做分享汇报。

岗前培训

✣ 岗前培训1：智慧配送的基本概念

1. 定义

智慧配送是指在物流配送过程中，利用物联网、大数据、云计算、人工智能等先进技术，对订单处理、货物拣选、包装、运输、配送等各个环节进行智能优化和管理，以实现高效、精准、个性化的配送服务的一种配送模式。它不仅强调技术的集成与应用，还注重信息的透明化、决策的智能化以及服务的个性化。

2. 特点

（1）技术集成化

智慧配送集成了多种先进技术，如物联网技术可实现货物追踪，大数据技术能提供数据分析支持，云计算技术提供了强大的计算能力等，这些技术共同支撑起智慧配送的智能化体系。

（2）信息透明化

通过数字化手段，物流信息实现了全程可视化。消费者和商家可以实时了解订单状态、货物位置、配送进度等信息，提高了信息的透明度。

（3）决策智能化

利用AI算法和大数据分析，系统能够自动进行订单分配、路线规划、运力调度等，提高了配送效率和准确性。这种智能化决策减少了人为因素的干扰，使配送过程更加科学、合理。

（4）服务个性化

智慧配送系统能够根据客户需求进行定制化服务。例如，消费者可以预约配送时间、指定配送地点等。这种服务模式提高了客户的满意度和忠诚度。

3. 关键技术

（1）物联网技术

智慧配送通过RFID、GPS等技术手段，实现对货物的实时追踪和定位。这有助于确保货物安全、准时送达，并降低丢失或损坏的风险。

（2）大数据技术

大数据技术对海量物流数据进行挖掘和分析，为决策提供支持。例如，通过分析历史数据，可以预测未来的配送需求；通过优化算法，可以规划出更加合理的配送路线等。

（3）云计算技术

云计算技术提供强大的数据存储和处理能力，确保系统稳定运行。同时，云计算技术还支持大规模并发处理，能够满足高峰时段的配送需求。

（4）人工智能技术

人工智能技术是使计算机模拟人类智能行为的技术。在机器人技术中，AI 用于路径规划、决策支持、自然语言处理等。通过机器学习、深度学习等技术，实现智能决策和自动化操作。例如，智能分拣系统可以自动识别货物并进行分类；智能调度系统可以根据实时路况动态调整配送路线等。

✣ 岗前培训 2：识别智慧配送装备

1. 定义

智慧配送装备是指在物流配送过程中，运用物联网、大数据、云计算、人工智能等先进技术，实现自动化、智能化、无人化运行的物流设备。这些装备能够显著提升物流配送的效率、准确性和安全性，降低人力成本，提高客户满意度。

2. 智慧配送装备介绍

（1）无人配送车

无人配送车能够自行找到目的地，辨别并“记住”路线，通过机器学习实现自主导航，准确识别红绿灯信号，自主停靠配送点。通过激光雷达、摄像头等感知设备，实现自动导航和货物配送。无人配送车能够自主规划路线，实时监控路况，确保货物安全送达。

无人配送车采用激光与视觉并行的方案，观察周边复杂环境，建立多维世界，运用自适应算法对动态实体进行轨迹预测，避让行人、车辆等物体。

无人配送车适用于校园、社区、办公区等封闭或半封闭环境，提供便捷的配送服务，广泛应用于城市内的短途配送，如快递、外卖、生鲜等商品的配送。

（2）无人机与无人智慧配送站

①无人机。

无人机是无人驾驶的低空飞行器，可以运载包裹，通过无线电遥控设备和自备的程序控制装置将货物自动送达目的地。

无人机能够避开地面交通拥堵，实现快速配送，特别是在城市拥堵路段和偏远地区，其优势更为明显。无人机配送可以减少人力成本，特别是在偏远地区，传统物流配送成本高昂，而无人机配送则可以大大降低这些成本。无人机配送不受地形限制，可以灵活应对各种复杂环境，实现精准投递。

在紧急医疗救援中，无人机可以快速将药品、疫苗等医疗物资送达偏远地区或灾区。无人机配送能够大幅提高生鲜农产品的转运时效，确保产品的品质。通过无人机进行跨海运输，可以缩短运输时间，降低运输成本。

无人机采用先进的飞行控制系统和导航技术，能够实现自主飞行和精准降落。

通过4G、5G等无线通信网络，无人机可以与调度中心、快递柜等进行实时数据传输和指令接收。

调度中心根据无人机的续航能力、快递业务量的地理分布等因素，对无人机进行智能调度和路径规划。

无人机配送具有速度快、覆盖范围广、不受地面交通限制等优势。在偏远地区、山区或城市高楼密集区域，无人机配送能够提供更快捷、更灵活的配送服务。

目前，无人机配送已经在全球范围内得到了快速发展。在中国，顺丰、京东、美团等企业纷纷投入巨资布局无人机配送网络。

无人机配送作为一种新兴的物流运输方式，具有高效、低成本、灵活等优势，已经在多个领域得到了广泛应用，并展现出广阔的发展前景。

未来，随着技术的不断进步和政策的持续支持，无人机配送有望在更多领域得到应用和推广。同时，也需要面对一些挑战和问题，如恶劣天气下的飞行安全、无人机配送的法律法规完善等。

②无人智慧配送站（见图4-1）。

无人智慧配送站可实现全程无人配送中转。无人机将货物送到无人智慧配送站顶部并自动卸下，货物在内部自动中转分发，从入库、包装、分拣到装车全程由机器人操作，最后由配送机器人完成配送。无人智慧配送站高度自动化、智能化，减少了人力成本，提高了配送效率。无人智慧配送站适用于城市中的配送中心或中转站，是物流配送网络的重要节点。

图4-1　无人智慧配送站

无人智慧配送站是现代物流领域的一项重要创新，实现了物流配送的智能化和无人化。

无人智慧配送站是一种智能物流终端，它集成了无人机、无人车等设备的停靠、充电、货物中转等功能。当无人机或无人车将货物送达配送站后，配送站内的机器人会自动进行货物的卸载、分拣、装载等操作，并将货物转交给其他无人车或配送机器人进行“最后一公里”的配送。无人智慧配送站不仅提高了物流配送的效率，还降低了人力成本，解决了城乡“最后一公里”的配送难题。

无人智慧配送站内的所有操作均由机器人和自动化设备完成，无须人工干预。

无人智慧配送站通过物联网、大数据、人工智能等技术，实现对配送站内货物、设备等的实时监控和智能调度。无人机、无人车与无人智慧配送站之间实现无缝衔接，确保货物从起点到终点的全程无人化配送。除了基本的货物中转功能外，无人智慧配送站还具备自提、退换货、收发件等多种服务功能。

无人智慧配送站适用于多种环境，包括城乡山区等复杂地形。它可以作为无人机和无人车之间的中转站，实现全程无人化配送。同时，无人智慧配送站还可以为社区居民提供便捷的快递收发服务，提升居民的生活便利性。

目前，无人智慧配送站已经在一些地区进行了试点应用，并取得了显著成效。随着技术的不断进步和市场的不断扩大，无人智慧配送站的应用范围将越来越广泛。未来，无人智慧配送站有望成为物流配送领域的重要基础设施之一，为物流行业的智能化、无人化发展提供有力支持。

无人智慧配送站是现代物流领域的一项重要创新，它通过自动化、智能化的操作方式，实现了物流配送的无人化和高效化。随着技术的不断进步和市场的不断扩大，无人智慧配送站的应用前景将越来越广阔。

（3）智能快件箱

智能快件箱是由储物终端与平台管理系统组成的联网设备，具备智能存件、智能取件、远程监控、信息管理、信息发布等多种功能。它能够将快递公司、收件方、管理方等相关各方无缝连接，实现集中存取、指定地点存取、24 小时存取等功能，有效防止纠纷，保护快件信息安全，存取快件更加安全便捷。通过人脸识别、二维码扫描等技术，实现快递的智能存取。智能快件箱提供 24 小时自助服务，方便用户随时取件。可在社区、写字楼、学校等人员密集区域广泛部署，为用户提供便捷的快递收寄服务。

智能快件箱的技术原理主要基于物联网和人工智能技术。它通过集成物流、电子锁、传感器、软件系统等元素，实现自动化管理和操作。具体来说，当快递员将包裹放入智能快件箱时，系统会自动生成一个订单，并与对应的存放格子进行关联。收件人会收到一条短信或通知，告知快递已存入智能快件箱，并提供取件码或二维码。收件人使用取件码或二维码进行身份验证后，系统会找到对应的格子并解锁，收件人即可取走包裹。整个过程中，系统会记录每次存取操作的时间、格子信息及收件人信息，以供后续追踪和查询使用。

智能快件箱的应用场景非常广泛，主要包括以下几个方面。

①为居民提供便捷的快递收寄服务，解决快递配送中的安全和时间问题，提高居民的生活便利性。

②商家可以将货物存放在智能快件箱中，等待用户到商业中心自行领取，减少了对送货上门的依赖。

③智能快件箱常以智能文件柜、智能图书柜、智能药品柜和医疗器械柜的形式出现。智能文件柜用于文档管理和物品储存，提升办公效率并保障数据安全。作为智能图书柜，提供图书的自动借阅和归还服务，给读者提供便利并减轻图书馆工作人员的工作量。作为智能药品柜和医疗器械柜，有助于提升医疗服务质量和效率。

智能快件箱自应用以来，凭借其灵活性、安全性和便捷性等优点，迅速获得了广大消费者的认可。随着电商和网上零售行业的快速发展，我国快递市场呈现繁荣景象，智能快件箱开始快速普及并应用到日常生活中。据预测，中国智能快件箱行业的市场规模将持续增长，未来几年内将出现巨大的增长。同时，随着消费者对智能快件箱需求量的持续增长及政府政策的支持，智能快件箱行业未来发展前景十分可观。

智能快件箱作为一种先进的物流设备，在快递行业中发挥着越来越重要的作用。随着技术的不断进步和市场的不断扩大，智能快件箱的应用领域将更加广泛。

（4）自动化分拣输送系统

自动化分拣输送系统按照预先设定的计算机指令对物品进行分拣，并将分拣出的物品送达指定位置。应用大量传感器、控制器和执行器，自动完成货品的进出库、装卸、分类、分拣、识别、计量等工作。

自动化分拣输送系统虽然主要应用于仓储环节，但在配送前的分拣过程中也发挥重要作用。自动化分拣输送系统通过智能算法和机械装备，快速准确地完成货物的分类和分拣，提高配送效率。其在大型物流中心、快递分拨中心等场所广泛应用，为后续的配送工作提供有力支持。

自动化分拣输送系统广泛应用于自动化仓库、配送中心、大型货场等物流设施中。

（5）智慧配送调度系统

智慧配送调度系统是智慧配送的重要组成部分。它根据订单信息、车辆状态、路况等因素，自动调度配送车辆，优化配送路线，提高配送效率。与无人配送车、无人机等配送装备相结合，实现配送过程的智能化管理。

智慧配送调度系统是现代物流体系中至关重要的一环，它基于大数据、云计算、人工智能等先进技术，实现了对物流配送过程的智能化管理和优化调度。

智慧配送调度系统通过整合物流资源，包括货物、车辆等，利用先进的信息技术进行货物配送的规划和调度工作。该系统能够实时收集和分析物流数据，自动调整配送策略，以实现高效、准确、低成本的物流配送服务。

①主要功能。

智慧配送调度系统根据订单信息、交通状况、车辆状况等多方面因素，规划出最优的配送路线和配送时间，提高配送效率。

智慧配送调度系统通过GPS定位、物联网等技术，实时监控物流车辆和货物的位置、状态等信息，确保配送过程安全可控。

智慧配送调度系统根据实时数据和智能分析结果，自动调整配送计划，包括车辆调度、人员安排等，实现资源的优化配置。

智慧配送调度系统收集并分析配送过程中的各项数据，如配送时间、成本、效率等，为企业提供决策支持，优化配送流程和服务质量。

在配送过程中，遇到异常情况或突发事件时，智慧配送调度系统能够及时预警并启动应急响应机制，保障配送的顺利进行。

②技术原理。

智慧配送调度系统利用大数据技术收集和分析物流数据，发现潜在的问题和规律，为智慧配送调度提供数据支持。

智慧配送调度系统通过机器学习、深度学习等人工智能技术，对物流数据进行智能分析和预测，优化配送策略。

智慧配送调度系统通过物联网技术实现对物流车辆、货物等的实时监控和跟踪，提高配送过程的透明度和可控性。

智慧配送调度系统利用云计算技术提供强大的计算能力和存储能力，支持智慧配送调度系统的稳定运行和高效扩展。

③发展趋势。

智慧配送调度系统通过引入更先进的人工智能技术和算法，提高系统的智能化水平，实现更精准的配送调度和预测。

智慧配送调度系统与企业其他信息系统（如企业资源计划、客户关系管理等）无缝衔接，实现数据共享和业务协同，提升整体运营效率。

根据不同企业的需求和实际情况，智慧配送调度系统可提供量身定制的配送调度方案和管理模式，满足企业的个性化需求。

智慧配送调度系统通过优化配送路线和减少空驶率等措施，降低物流过程中的能耗和排放，实现绿色物流。

智慧配送调度系统是现代物流体系中不可或缺的一部分，它通过智能化管理和优化调度，提高了物流配送的效率和准确性，降低了配送成本，为企业的可持续发展提供了有力支持。

3. 应用场景

智慧配送装备广泛应用于电商、新零售、冷链物流、跨境物流等多个领域。它们能够在订单处理、货物拣选、包装、运输、配送等各个环节发挥重要作用，提高物流配送的整体效率和准确性。

智慧配送装备是智慧物流的重要组成部分，它们通过集成多种先进技术，实现了物流配送的智能化、自动化和无人化。随着技术的不断进步和应用场景的拓展，智慧配送装备将在物流行业中发挥更加重要的作用。

✣ 岗前培训 3：智慧配送的业务流程与应用场景

1. 智慧配送的业务流程

（1）订单接收与处理

①订单接收。

通过电子渠道（如电商平台、网站等）接收客户订单。

②订单审核。

对订单信息进行初步审核，确保订单信息的准确性和完整性。

③订单确认。

订单确认无误后才可进行后续的分拣、打包等准备工作。

（2）智能分拣与打包

①智能分拣。

智慧配送系统利用自动化分拣系统和智能算法，根据订单信息对商品进行快速、准确的分拣。

②打包作业 。

智慧配送系统将分拣好的商品进行打包，并贴上相应的配送标签和注意事项。

（3）智能调度与装车

①智能调度。

智慧配送系统根据订单数量、地址和路线规划，制订合理的配送计划，并调度合适的配送车辆。

②智能装车。

智慧配送系统利用智能装车系统，根据配送顺序和车辆容量，自动计算最优装车方案，提高装车效率。

（4）配送运输与实时跟踪

①配送运输。

配送员按照既定的配送路线和计划进行配送，确保货物安全、及时送达。

②实时跟踪。

智慧配送系统利用物联网技术实时跟踪配送车辆和货物的位置，提供配送进度的实时查询服务。

（5）客户签收与评价

①客户签收。

配送员将货物送达客户指定地点，客户进行签收确认。

②客户评价。

客户对配送服务进行评价和反馈，为后续改进配送服务提供参考。

（6）数据分析与服务优化

①数据分析。

收集和分析配送过程中的各项数据，如配送时间、路线、成本等。

②服务优化。

根据数据分析结果，对配送流程和服务持续优化，提高配送效率和客户满意度。

通过以上环节，智慧配送实现了从订单接收与处理、分拣、打包、调度、装车、运输、跟踪到客户签收与评价的全链条智能化管理，为客户提供更加高效、便捷、优质的配送服务。

2. 智慧配送业务的应用场景

（1）社区配送

智慧配送在社区里可谓大显身手。通过智能快件箱、无人配送车等设备，可以实现24小时自动化配送，居民可以随时取件，既方便又快捷。智慧配送在社区配送中的应用日益广泛，通过引入智能化技术和系统，极大地提升了配送效率和服务质量。

①智能调度系统。

智能调度系统通过智能算法对配送任务进行自动分配和调度，确保配送员能够按照最优路线进行配送，减少配送时间和成本。

智能调度系统提高了配送效率，降低人力成本，同时减少交通拥堵和碳排放。

②自动化仓储与分拣。

智慧配送引入自动化设备和机器人，实现了仓库的自动化管理和货物的快速分拣。

智慧配送提高了仓储容量和工作效率，减少人工操作的错误和延误，确保货物准确无误地送达居民手中。

③智能快件箱与自提点。

在社区内设置智能快件箱和自提点，方便居民随时取件，提高了配送的灵活性和便捷性，减少了配送员与居民之间的时间冲突，同时降低配送成本。

④实时追踪与查询。

智慧配送通过物联网技术，对配送过程进行实时追踪和监控，居民可以通过手机App（应用程序）等渠道查询配送状态和物流信息。这提升了居民对配送服务的满意度和信任度，增强了用户体验。

⑤个性化配送服务。

智慧配送根据居民的需求和偏好，提供个性化的配送服务，如定时配送、指定地点送达等，更好地满足居民的多样化需求，提升了配送服务的附加值。

随着科技的不断进步和智能化的发展，智慧配送在社区配送中的应用将越来越广泛。未来，我们可以期待更多创新技术的应用，如无人机、自动驾驶配送车等，这些技术将进一步推动社区配送的智能化和高效化发展。同时，随着居民对配送服务要求的不断提高，智慧配送也将更加注重配送的个性化、便捷化和绿色化。

（2）校园配送

在学校里，尤其是大型校园，智慧配送能有效解决“最后一公里”的问题。无人机、无人车等设备可以穿梭在校园内，将快递、外卖等物品快速送达指定地点，节省学生时间。智慧配送在校园配送中的应用日益广泛，它集成物联网、大数据、人工智能等先进技术，为校园师生提供了更加便捷、高效、安全的配送服务。

①智能配送平台的建立。

开发专门针对校园的配送管理系统，集成在线下单、实时追踪、自动调度等功能。用户（师生）可以通过手机 App 或小程序进行操作，实现一键下单、查询配送状态等。整合校园内的餐饮、书店、超市等商家资源，将他们的商品信息录入系统，师生可以一站式选择所需商品，享受便捷的购物体验。

②无人车或智能机器人配送。

利用物联网、AI 技术，实现无人或半自动化的配送。无人车或智能机器人能够自主导航、避障，将商品从商家运送到师生指定的地点。这种方式提高了配送效率，减少了人力成本；同时，无人配送减少了传统配送中的碳排放，符合绿色校园的理念。

③数据分析与优化。

通过对配送数据的分析，可以了解师生的购物习惯、配送需求等信息，为优化配送服务提供数据支持。根据数据分析结果，不断优化配送路线和时间，提升配送服务质量。同时，可以预测配送需求高峰，提前调配资源，确保配送效率。

④提升用户体验。

智慧配送可以根据师生的需求和偏好，提供个性化的配送服务，如定时配送、指定地点送达等。师生可以通过手机 App 或小程序实时追踪配送状态，了解商品的配送进度和预计送达时间。在商品即将送达时，通过语音电话提醒师生取件，增强用户体验。

⑤解决校园配送难题。

传统配送中，外卖、快递车辆在校园快速无序穿行成为安全隐患。智慧配送通过无人车或智能机器人配送，避免了这一问题。校园快递一般采取集中投放和管理的方式，快递取件驿站设置较少且集中堆放，造成师生取件不便。智慧配送可以设置多个取件点，方便师生就近取件。

智慧配送在校园配送中的应用具有显著的优势和潜力。随着技术的不断进步和应用的深入推广，智慧配送将为校园师生提供更加便捷、高效、安全的配送服务。

（3）园区配送

在物流园区、工业园区等场景，智慧配送能够优化配送路径，提高配送效率。通过智能调度系统，可以合理安排车辆和人员的配送任务，减少等待和空驶时间。

智慧配送在园区配送中的应用日益广泛，它通过集成物联网、大数据、人工智能等先进技术，实现了园区配送的智能化、高效化和精准化。

①智能仓储系统。

智能仓储系统通过物联网技术实现仓储、配货等工作的自动化。这包括自动分拣、自动计量、自动化装卸等功能，不仅减少了人工操作，还大大提高了仓储效率。利用传感器和 RFID 等技术，对仓储环境进行实时监控，确保货物储存的安全性和环境的适宜性。通过大数据分析技术，对仓储数据进行挖掘和分析，优化库存结构，减少库存积压和浪费。

②智能调度系统。

智能调度系统根据订单信息和车辆状态，自动规划最优配送路线，实现车辆的智能调度。这有助于减少配送时间和成本，提高配送效率。通过 GPS 等定位技术，实时追踪配送车辆的位置和状态，确保配送过程的透明化和可控性。结合大数据分析，预测路况信息，为配送车辆提供最优的行驶路径，避免交通拥堵和配送延误。

③无人配送技术。

在园区内，无人配送技术逐渐得到应用。无人机或无人车能够自主导航、避障，将货物快速、准确地送达指定地点。无人配送技术在降低人力成本和提高配送效率的同时，减少了人为错误和安全隐患。

④智能配送终端。

在园区内设置智能快件箱或自提点，方便园区员工随时取件。这些终端设备支持扫码取件、人脸识别取件等多种取件方式，提高了取件的便捷性和安全性。部分智能配送终端还提供自助寄件、打印等服务，进一步丰富了园区配送的服务内容。

⑤数据共享与协同。

智慧配送系统通过数据共享平台，实现园区内各企业之间的信息共享和协同作业。这有助于优化资源配置，提高整体运营效率。

通过协同作业平台，各企业可以共同处理订单、调配资源，实现供应链的高效协同。

⑥环保与可持续发展。

智慧配送系统推广使用环保包装材料，减少包装废弃物对环境的污染。

智慧配送通过优化配送路线和车辆调度，减少空驶和等待时间，降低能源消耗和碳排放。

智慧配送在园区配送中的应用涵盖了智能仓储、智能调度、无人配送、智能配送终端、数据共享与协同及环保与可持续发展等多个方面。这些应用不仅提高了园区配送的效率和服务质量，还促进了园区的绿色发展和可持续发展。

（4）城市配送

在城市中，智慧配送可以与智能交通系统相结合，实现车路协同、智能调度等功能。通过大数据分析，可以预测交通流量和配送需求，提前规划配送路线和时间，提高城市配送的效率和准确性。

①实时监控与智能调度。

智慧配送利用GPS、GIS（地理信息系统）等定位技术，实时监控配送车辆的位置和状态，确保配送过程的透明和可控。这有助于企业及时应对突发情况，如交通拥堵、车辆故障等。

智慧配送通过智能算法分析订单信息、车辆状态、交通状况等因素，自动规划最优配送路线，实现车辆的智能调度。这有助于减少配送时间和成本，提高配送效率。

②自动化配送与机器人技术。

在城市中，无人配送车逐渐成为智慧配送的重要组成部分。它们能够自主导航、避障，将货物快速、准确地送达指定地点。在居民区、写字楼等区域设置智能快件箱，方便居民随时取件。

③数据分析与决策支持。

智慧配送利用大数据技术，对配送过程中的各种数据进行收集、分析和挖掘，为企业提供决策支持。例如，通过分析订单分布、车辆行驶轨迹等数据，优化配送路线和车辆调度方案。

智慧配送通过机器学习等技术，对未来的配送需求进行预测，提前规划配送资源和路线，确保配送过程的顺畅进行。

④客户服务与体验提升。

智慧配送系统可以根据客户的需求和偏好，提供个性化的配送服务。例如，客户可以选择特定的配送时间、地点和方式。客户可以通过手机App等渠道，实时查询订单状态和配送进度。

⑤环保与可持续发展。

智慧配送系统通过优化配送路线和车辆调度，减少空驶和等待时间，降低能源消耗和碳排放。同时，推广使用环保包装材料，减少包装废弃物对环境的污染。

部分智慧配送系统还集成了智能回收功能，鼓励用户回收包装材料并进行再利用，促进资源的循环利用和可持续发展。

智慧配送在城市配送中的应用涵盖了实时监控与智能调度、自动化配送与机器人技术、数据分析与决策支持、客户服务与体验提升及环保与可持续发展等多个方面。这些应用不仅提高了城市配送的效率和服务质量，还促进了城市的绿色发展和可持续发展。

（5）冷链物流

在冷链物流领域，智慧配送能够实现对温度的精准控制和全程追溯。通过物联网技术，可以实时监测温度、湿度等环境参数，确保货物在运输过程中的质量和安全。

智慧配送在冷链物流中的应用日益广泛，它通过集成物联网、大数据、人工智能等先进技术，显著改进和提升了冷链物流的效率和效果。

①实时监控与温湿度管理。

智慧冷链物流系统通过部署温湿度传感器，实时监控冷链运输过程中的温度和湿度变化。一旦温湿度超出预设范围，系统会立即发出警报，确保冷链商品始终处于适宜的环境中。结合 GPS 和物联网技术，系统能够实时追踪冷链运输车辆的位置和状态，并在云端平台展示运输途中的环境数据，使管理人员能够远程监控每个环节的货物状态，及时发现并处理异常情况。

②智能调度与优化路径。

智慧冷链物流系统利用大数据和智能算法，对订单信息、车辆状态、交通状况等因素进行综合分析，自动规划最优配送路线，实现车辆的智能调度。系统能够实时分析交通状况、天气变化等因素，动态调整配送路线，避开拥堵路段和恶劣天气区域，确保冷链商品能够准时、安全地送达目的地。

③自动化与无人化配送。

在冷链仓库中，自动化拣选系统、AGV（自动引导车）等自动化设备的应用，提高了储存和分拣作业的精确度与效率。这些设备能够在低温环境下稳定工作，减少人为错误和安全隐患。

随着技术的发展，无人配送车、无人机等无人化配送设备也开始在冷链物流中崭露头角。它们能够自主导航、避障，将冷链商品快速、准确地送达指定地点，进一步降低人力成本和配送时间。

④数据分析与决策支持。

智慧冷链物流系统通过收集和分析运输过程中的各种数据，如温湿度数据、车辆行驶轨迹、订单分布等，为企业提供决策支持。这些数据有助于企业了解市场需求、优化资源配置、提高运营效率。

利用机器学习等技术，系统能够预测未来冷链物流的需求趋势、交通状况及天气变化等，为物流规划提供精准指导。例如，通过分析季节性消费习惯预测特定时段的冷藏货物需求量，提前调整仓储布局和运输资源配置。

⑤绿色环保与可持续发展。

智慧冷链物流系统推广使用环保包装材料，减少包装废弃物对环境的污染。同时，通过优化包装设计和减少包装体积等方式降低物流成本。通过智能调度和优化路径等措施减少空驶和等待时间，降低能源消耗和碳排放。此外，还可以采用节能高效的制冷技术和太阳能光伏板供电系统等进一步降低能耗。

智慧配送在冷链物流中的应用涵盖了实时监控与温湿度管理、智能调度与优化路径、自动化与无人化配送、数据分析与决策支持及绿色环保与可持续发展等多个方面。这些应用不仅提高了冷链物流的效率和服务质量还促进了冷链物流行业的绿色发展和可持续发展。

（6）医药配送

在医药领域，智慧配送能够保障药品的及时送达和储存安全。智能温控箱等设备，可以确保药品在运输过程中温度稳定，避免药品失效或变质。智慧配送在医药配送中的应用日益广泛，通过集成物联网、大数据、人工智能等先进技术，显著改进和提升了医药配送的效率和安全性。

①确保药品安全与质量。

医药配送对温度、湿度等环境条件有严格要求。智慧配送系统通过部署温湿度传感器，实时监控运输过程中的温湿度变化，确保药品处于适宜的环境中，避免药品变质或失效。利用 RFID、二维码等技术，对药品进行唯一标识和追溯。从生产、仓储、运输到销售的全链条信息都可被记录和查询，有效防止假冒伪劣药品流入市场，保障患者用药安全。

②提高配送效率与准确性。

根据订单信息、车辆状态、交通状况等因素，智慧配送系统能够自动规划最优配送路线，实现车辆的智能调度。在医药仓库中，自动化分拣系统和包装设备的应用，能够快速、准确地完成药品的分拣和包装工作，减少人为错误和等待时间。

③优化库存管理与预测。

智慧配送系统通过物联网技术，实时监控仓库中的药品库存情况，包括数量、种类、有效期等。这有助于企业及时了解库存状态，避免药品短缺或过期。利用大数据和人工智能技术，对历史销售数据、市场趋势等进行分析，预测未来药品需求，企业可以根据预测结果提前备货，确保药品供应的稳定性。

④提升客户服务体验。

客户可以通过手机 App 等渠道，实时查询订单状态和配送进度。智慧配送系统可以根据客户的需求和偏好，提供个性化的配送服务。例如，客户可以选择特定的配送时间、地点和方式。

⑤促进医药行业的数字化转型。

智慧配送系统积累了大量的运输、库存、销售等数据。企业可以利用这些数据进行分析和挖掘，发现潜在的问题和机会，为决策提供有力支持。智慧配送技术的发展推动了医药行业的数字化转型。通过引入先进的技术手段和管理模式，企业可以提高运营效率、降低成本、提升服务质量，从而在激烈的市场竞争中占据有利地位。

智慧配送在医药配送中的应用涵盖了确保药品安全与质量、提高配送效率与准确性、优化库存管理与预测、提升客户服务体验及促进医药行业的数字化转型等多个方面。这些应用不仅提高了医药配送的效率和服务质量，还推动了医药行业的数字化转型和可持续发展。

✣ 岗前培训 4：智慧配送订单处理与分配

智慧配送订单处理与分配是一个高效、自动化的过程，它结合了现代信息技术和物流管理理念，以提高配送效率和客户满意度为目标。

1. 智慧配送订单处理

（1）自动接收与处理

系统能够自动接收客户订单，并进行快速、准确地处理。这包括订单确认、分类、排序等步骤，确保订单信息准确无误。

（2）订单跟踪与监控

系统能够实时跟踪订单状态，监控配送进度，确保按时、按质完成配送任务。客户可以通过手机 App 或网站查询订单的配送情况。

（3）异常处理

系统能够自动识别和处理订单配送过程中的异常情况，如延误、丢失、损坏等，并及时通知相关人员进行处理。

2. 智慧配送订单分配

（1）智能算法分配

系统利用先进的智能算法，根据订单信息、车辆状态、配送路线等多种因素进行订单的最优分配。这可以确保配送效率最大化，同时降低运营成本。

（2）动态调整

系统能够根据实际情况（如交通状况、天气变化等）动态调整配送计划和路线，确保订单能够按时送达。

（3）资源优化

通过智能分配算法，系统能够优化车辆和人员的配置，减少空驶和等待时间，提高资源利用率。

3. 优势与效果

（1）提高配送效率

智能算法和动态调整能够确保订单快速、准确地送达客户手中。

（2）降低运营成本

通过优化资源配置和减少异常情况的发生，企业可以降低运营成本和损失。

（3）提升客户满意度

实时跟踪和异常处理功能能够提升客户的购物体验和满意度。

智慧配送订单处理与分配是现代物流行业的重要发展方向之一。通过引入先进的现代信息技术和物流管理理念，企业可以实现订单处理的自动化和智能化，提高配送效率和客户满意度，从而在激烈的市场竞争中占据优势地位。

任务执行

步骤 1：以项目组为单位，通过网络搜索或查阅图书等方式查找智慧配送相关的图片及视频，将结果填入表 4-1。

表 4-1　　智慧配送一览表

序号	名称	图片	视频链接	提炼小结	备注
1	智慧配送的特点				
2	智慧配送的关键技术				
3	智慧配送装备及应用				
4	智慧配送的业务流程				
5	智慧配送的应用场景				
6	智慧配送订单处理				
7	智慧配送订单分配				

步骤 2：各项目组制作关于智慧配送的 PPT 并上台分享。

任务评价

在完成上述任务后，教师组织三方评价，完成表 4-2 的填写（满分 10 分，评价标准明细项目分值由教师根据培养目标和学情分析自行确定），并对学生任务执行情况进行点评。

表 4-2　　任务评价表

班级		项目组名称				
组长		成员				
评价要素	评价标准	评价依据	个人（10%）	项目组（30%）	教师（60%）	权重
知识	（1）熟悉智慧配送的定义、特点、关键技术。 （2）熟悉智慧配送的业务流程和应用领域	表 4-1 填写情况				40%
能力	（1）识别智慧配送装备。 （2）表述智慧配送装备的功能和应用领域。 （3）表述智慧配送订单处理与分配	PPT 制作情况和上台分享情况				40%
素养	（1）遵守课堂管理规定。 （2）按时完成学习任务。 （3）有吃苦耐劳、团结协作的精神。 （4）服从管理，文明操作。 （5）有组织研讨的能力。 （6）学习积极主动、勤学好问	（1）考勤。 （2）课堂表现				20%

任务二　了解智慧配送路径规划与优化

任务描述

子任务 1：学生以项目组为单位，通过网络搜索或查阅图书等方式结合学习内容了解智慧配送路径规划与优化技术。

子任务 2：根据查找到的资料归纳总结智慧配送路径规划与优化技术的性能和应用。

子任务 3：每个项目组将所收集到的资料整理制作成汇报 PPT，并推荐同学做分享汇报。

岗前培训

✣ 岗前培训 1：智慧配送路径规划与优化的基本概念

智慧配送路径规划与优化是智能物流系统中的一个核心环节，它旨在通过先进的算法和技术手段，对配送路径进行合理规划和优化，以达到提高配送效率、降低成本、缩短配送时间等目标。

1. 定义

智慧配送路径规划与优化是指根据配送任务的特点和要求，利用智能算法、GIS、GPS 等技术和手段，对配送路径进行科学合理的规划和调整，以实现配送过程的优化的一种方法。

2. 核心要素

配送任务：包括货物的种类、数量、重量、体积以及配送的时间、地点等要求。

智能算法：如遗传算法、粒子群算法、模拟退火算法等，用于求解最优路径问题。

GIS：提供精准的地图信息和道路网络数据，为路径规划提供依据。

GPS：实现实时位置追踪和数据采集，确保配送的准确性。

优化目标：主要包括降低成本、缩短配送时间、提高客户满意度等。

3. 规划流程

数据收集：收集配送任务的相关信息，包括货物信息、客户信息、道路信息等。

模型建立：根据收集到的数据，建立配送路径规划的数学模型或仿真模型。

算法求解：利用智能算法对模型进行求解，得到最优或次优的配送路径方案。

方案评估：对求解得到的配送路径方案进行评估，包括成本、时间、可行性等方面的考虑。

方案实施：将评估后的配送路径方案应用于实际配送过程中，并进行实时监控和调整。

4. 优化策略

多因素综合考虑：在路径规划中综合考虑货物的种类、体积、重量等特性以及道路状况、交通拥堵等外部因素。

实时调整：根据实时交通信息、天气变化等因素对配送路径进行动态调整，确保配送过程的顺利进行。

成本效益分析：在路径优化过程中进行成本效益分析，确保优化方案在经济上可行且效益最大化。

5. 应用

智慧配送路径规划与优化已经在许多领域得到了广泛应用，如电商平台、快递企业、物流公司等。通过智能算法等技术的运用，这些企业能够实现配送路径的自动规划和优化，提高了配送效率和客户满意度。

智慧配送路径规划与优化是智能物流系统中的重要组成部分，它通过先进的技术手段实现对配送路径的合理规划和优化，为物流行业提供了更加高效、便捷、经济的配送解决方案。

✣ 岗前培训 2：智慧配送路径规划与优化技术

智慧配送路径规划与优化技术是现代物流领域中的一项重要技术，它利用先进的计算机算法、GIS、GPS 及 IoT 等技术手段，对配送过程中的路径进行科学合理的规划和优化，以提高配送效率、降低成本、满足客户需求。

1. 技术基础

（1）GIS

GIS 是智慧配送路径规划的核心技术之一，它提供了强大的地理空间数据处理和分析能力。通过 GIS，可以获取详细的地图信息、道路网络、交通状况等数据，为路径规划提供基础数据支持。

（2）GPS

GPS 技术用于实时追踪配送车辆的位置和状态，确保路径规划的准确性和实时性。通过 GPS 数据，可以及时调整配送路线，应对突发情况和交通拥堵。

（3）物联网技术

物联网技术通过传感器、RFID 等设备，实现配送过程中货物、车辆等信息的实时采集和传输。物联网技术使配送车辆、货物等实体能够接入互联网，实现信息的实时传输和共享。通过物联网技术，可以实时监控车辆和货物的状态，为路径优化提供实时数据支持。这些信息可以用于路径规划的优化和调整，提高配送效率。

（4）大数据技术与云计算

大数据技术可以收集和处理海量的物流数据，包括订单信息、车辆位置、交通状况等，为路径规划提供数据支持。云计算技术则提供了强大的数据存储和计算能力，确保数据的实时性和准确性。

（5）人工智能（AI）与机器学习

利用AI和机器学习算法，对历史配送数据进行分析和学习，找出最优的配送路径。同时，AI算法还能够根据实时交通状况、天气变化等因素，动态调整配送路径，确保配送的准确性和及时性。

2. 关键技术

（1）智能算法

智能算法是智慧配送路径规划和优化的核心。常用的算法包括遗传算法、粒子群算法、蚁群算法等。这些算法可以根据不同的配送需求和约束条件，自动寻找最优或次优的配送路径。

（2）实时路况分析

智慧配送系统通过GPS技术和GIS技术，可以实时获取道路交通状况信息，如拥堵、事故等。智慧配送系统可以根据实时路况信息，动态调整配送路线，避免拥堵路段，提高配送效率。

（3）数据挖掘与分析

智慧配送系统利用大数据技术对历史配送数据进行挖掘和分析，可以发现配送过程中的规律和趋势。这些数据可以用于配送路径优化、配送需求预测等，提高配送的准确性和效率。

3. 技术特点

实时性：智慧配送路径规划和优化技术能够实时收集和处理物流数据，根据最新的信息对配送路径进行动态调整。这种实时性确保了配送的灵活性和高效性。

精准性：通过算法对大量数据进行分析和计算，智慧配送路径规划和优化技术能够找出最优的配送路径，减少不必要的运输距离和时间，降低配送成本。

智能化：借助AI和机器学习算法，系统能够自动学习和适应新的配送环境和需求，不断优化配送路径和策略，提高整体配送效率。

4. 优势与挑战

（1）优势

提高配送效率：通过优化配送路径和调度方案，可以减少配送时间和成本，提高配送效率。

降低成本：智能算法和实时路况分析等技术可以降低运营成本，提高物流企业的盈利能力。

提升客户满意度：通过实时监控和调度配送车辆，可以确保订单的准时送达，提升客户满意度。

（2）挑战

数据安全和隐私保护：在智慧配送过程中，涉及大量的敏感数据。如何确保数据的安全性和隐私保护是一个重要的问题。

算法的复杂性和实时性：智能算法需要处理大量的数据和复杂的约束条件，同时需要保证实时性。这对算法的设计和优化提出了很高的要求。

系统的整合和协同：智慧配送系统需要与其他物流系统进行整合和协同，如仓库管理系统、订单管理系统等。这需要解决系统之间的数据共享和交互问题。

智慧配送路径规划和优化技术是现代物流领域中的一项重要技术。它利用先进的计算机算法、GIS、GPS 及物联网等技术手段，对配送过程中的路径进行科学合理的规划和优化。通过提高配送效率、降低成本和提升客户满意度等优势，为物流行业的发展注入了新的活力。然而，在应用过程中也面临着数据安全和隐私保护、算法的复杂性和实时性及系统的整合和协同等挑战。随着技术的不断进步和应用场景的不断扩展，智慧配送路径规划和优化技术将在未来发挥更加重要的作用。

✣ 岗前培训 3：智慧配送路径规划与优化的业务流程与应用场景

智慧配送路径规划与优化的业务流程是一个复杂而精细的过程，它涉及多个环节和技术的综合运用。

1. 智慧配送路径规划与优化的业务流程

（1）数据收集与预处理

数据源获取：收集来自各个渠道的数据，包括订单信息、客户信息、车辆信息、交通状况、天气预测等。这些数据是后续分析与优化的基础。

数据清洗：对收集到的数据进行清洗，去除无效、错误或重复的数据，确保数据的准确性和完整性。

数据预处理：对清洗后的数据进行格式化、标准化处理，以便后续算法能够高效处理。

（2）需求分析与目标设定

需求分析：明确配送的具体需求，包括配送时间、地点、货物类型、数量等。

目标设定：根据需求分析结果，设定配送路径优化的目标，如最小化配送时间、降低配送成本、提高客户满意度等。

（3）算法选择与应用

算法选择：根据实际需求和数据特点，选择合适的路径规划算法。常见的算法包括迪杰斯特拉（Dijkstra）算法、A* 算法、遗传算法、蚁群算法等。

算法应用：利用选定的算法，结合实时交通数据、车辆状态等信息，对配送路径进行初步规划。

（4）路径优化与调整

多目标优化：在满足配送时间、成本等目标的前提下，考虑多个优化目标，如减少行驶距离、降低能耗、提高车辆利用率等。

实时调整：根据实时交通状况、车辆位置、客户需求变化等因素，对配送路径进行动态调整。

异常处理：对可能出现的异常情况（如交通拥堵、车辆故障等）进行预测和处理，确保配送的顺利进行。

（5）路径执行、实时监控和数据反馈

路径执行：按照优化后的配送路径进行配送操作。

实时监控：利用物联网、GPS 等技术对配送过程进行实时监控，确保车辆和货物的安全。

数据反馈：收集配送过程中的实时数据，为后续的分析和优化提供数据支持。

（6）效果评估与持续改进

效果评估：对配送路径规划与优化的效果进行评估，包括配送时间、成本、客户满意度等方面的改善情况。

持续改进：根据评估结果，对配送路径规划与优化流程进行持续改进，提高整体配送效率和服务水平。

以上流程是一个循环往复的过程，需要不断地收集数据、分析需求、优化路径、评估效果，并根据实际情况进行调整和改进。通过这个过程，可以实现智慧配送路径的持续优化和升级。

2. 智慧配送路径规划与优化的应用场景

（1）电商物流

在电商行业中，智慧配送路径规划与优化技术被广泛应用于订单处理和物流配送环节。电商平台通过收集用户的订单信息、地理位置数据及实时的交通状况，利用智能算法规划出最优的配送路径，以提高配送效率、缩短配送时间并降低物流成本。通过优化配送路径，减少不必要的行驶距离和时间，提高整体配送效率。合理规划配送路线可以降低油耗、减少车辆磨损等成本。快速准确的配送服务能够提升客户体验，增强客户忠诚度。

（2）外卖配送

外卖平台也大量采用智慧配送路径规划与优化技术，以应对高峰时段的订单压力。系统根据骑手的实时位置、订单分布及交通状况，动态调整配送路线，确保外卖能够准时送达客户手中。通过智能调度和路径规划，减少等待和行驶时间，提升送餐速度。优化配送路线有助于降低超时和取消订单的比例，提高订单完成率。合理的路线规划能够减轻骑手的工作压力，提高工作满意度。

（3）快递物流

快递公司在处理大量包裹时，需要依靠智慧配送路径规划与优化技术来提高配送效率和准确性。系统根据包裹的目的地、交通状况及车辆装载能力，规划出最优的配送路线和装载方案。优化后的配送路线能够缩短配送时间，提高快递的时效性。合理的装载方式和路线能够减少运输成本，提高公司的盈利能力。准确的配送信息和及时的客户服务能够提高客户满意度和品牌形象。

（4）冷链物流

在冷链物流中，智慧配送路径规划与优化技术尤为重要。由于冷链产品对温度和时间有严格要求，系统需要综合考虑多个因素（如温度控制、交通状况、车辆类型等）来规划配送路径。通过严格的温度控制和路径规划，确保冷链产品在运输过程中保持新鲜和安全。减少运输时间能够降低产品的损耗率，提高整体效益。快速准确的配送服务能够满足客户对冷链产品的需求，提高客户满意度。

（5）医药配送

在医药配送领域，智慧配送路径规划与优化技术被用于确保药品的及时、准确和安全送达。系统根据药品的特性和客户需求，规划出最优的配送路线和方案。

通过严格的路径规划和运输管理，确保药品在运输过程中不受损害。优化后的配送路线能够缩短配送时间，提高药品的流通效率。及时准确的配送服务能够满足医疗机构对药品的需求，提高医疗服务质量。

智慧配送路径规划与优化技术在电商物流、外卖配送、快递物流、冷链物流及医药配送等多个领域和场景中发挥着重要作用，为行业带来了显著的效益和优势。

任务执行

步骤1：以项目组为单位，通过网络搜索或查阅图书等方式查找智慧配送路径规划与优化的图片和相关视频，归纳总结智慧配送路径规划与优化的基本概念、技术、业务流程和应用场景，将结果填入表4-3。

表4-3 智慧配送路径规划与优化一览表

序号	名称	图片	视频链接	提炼小结	备注
1	智慧配送路径规划与优化的基本概念				
2	智慧配送路径规划与优化技术				
3	配送路径规划与优化的业务流程				
4	配送路径规划与优化的应用场景				

步骤 2：各项目组制作关于智慧配送路径规划与优化的 PPT 并上台分享。

任务评价

在完成上述任务后，教师组织三方评价，完成表 4-4 的填写（满分 10 分，评价标准明细项目分值由教师根据培养目标和学情分析自行确定），并对学生任务执行情况进行点评。

表 4-4 任务评价表

班级		项目组名称				
组长		成员				
评价要素	评价标准	评价依据	个人（10%）	项目组（30%）	教师（60%）	权重
知识	（1）熟悉智慧配送路径规划与优化的基本概念。 （2）熟悉智慧配送路径规划与优化的流程	表 4-3 填写情况				40%
能力	（1）识别智慧配送路径规划与优化技术。 （2）表述智慧配送规划与优化的应用领域	PPT 制作情况和上台分享情况				40%
素养	（1）遵守课堂管理规定。 （2）按时完成学习任务。 （3）有吃苦耐劳、团结协作的精神。 （4）服从管理，文明操作。 （5）有组织研讨的能力。 （6）学习积极主动、勤学好问	（1）考勤。 （2）课堂表现				20%

任务三　知悉智慧配送执行与监控

任务描述

子任务 1：学生以项目组为单位，通过网络搜索或查阅图书等方式结合学习内容了解智慧配送执行与监控业务。

子任务 2：根据查找到的资料归纳总结智慧配送执行与监控业务技术及应用领域。

子任务 3：每个项目组将所收集到的资料整理制作成汇报 PPT，并推荐同学做分享汇报。

岗前培训

✣ 岗前培训 1：智慧配送执行与监控的基本概念

智慧配送执行与监控是智慧物流体系中的重要组成部分，它利用现代信息技术手段对配送过程进行精细化管理，确保配送任务的高效、准确完成。

1. 智慧配送执行

智慧配送执行是指利用物联网、大数据、人工智能等先进技术，对配送任务进行自动化、智能化的操作和管理，以实现配送过程的高效、准确和可控。

（1）核心要素

任务分配：系统根据订单信息、车辆状态、人员配置等因素，自动分配配送任务，确保任务分配的合理性和高效性。

路线规划：基于实时交通数据、历史配送经验等信息，系统为配送车辆规划出最优的行驶路线，减少行驶距离和时间，提高配送效率。

车辆调度：实时监控车辆位置和状态，根据配送需求进行动态调度，确保车辆资源的充分利用。

货物装载与配送：利用自动化设备和智能系统，实现货物的快速装载和准确配送，减少人工操作，提高配送准确率和效率。

（2）技术手段

物联网技术：通过传感器、RFID 等技术，实现对车辆、货物等配送要素的实时监控和追踪。

大数据分析：利用大数据分析技术，对配送数据进行深入挖掘和分析，为配送决策提供支持。

人工智能技术：运用 AI 算法，对配送过程进行智能优化和预测，提高配送的智能化水平。

2. 智慧配送监控

智慧配送监控是指通过现代信息技术手段，对配送过程进行实时监控和跟踪，确保配送任务的顺利进行和对突发事件的及时响应。

（1）功能

实时跟踪：利用 GPS、GIS 等技术，实时获取配送车辆的位置和行驶轨迹，确保对配送过程的全面掌握。

状态监测：对车辆状态、货物状态等进行实时监测，如车速、油耗、温度等，确保配送过程中的安全和质量。

异常处理：对配送过程中出现的异常情况（如交通拥堵、车辆故障等）进行及时响应和处理，确保配送任务的顺利进行。

数据分析：对配送数据进行收集和分析，为后续的配送优化提供数据支持。

（2）技术手段

物联网技术：实现配送要素的实时连接和数据交换。

GIS 技术：提供地图服务和地理空间分析功能，支持配送路径的规划和优化。

云计算和大数据技术：提供强大的数据处理和分析能力，支持对海量配送数据的实时处理和分析。

智慧配送执行与监控通过现代信息技术手段，实现了对配送过程的高效、准确和可控管理，为物流行业的智能化发展提供了有力支持。

✣ 岗前培训 2：智慧配送执行与监控技术

智慧配送执行与监控技术是智慧物流体系中的关键组成部分，它融合了物联网、大数据、人工智能等先进技术，以实现配送过程的高效、准确和可控。

1. 智慧配送执行技术

（1）任务分配与调度

技术原理：利用智能算法和数据分析技术，根据订单信息、车辆状态、人员配置及实时交通状况等因素，自动分配配送任务并进行车辆调度。

作用：确保任务分配的合理性和高效性，减少等待时间和资源浪费，提高配送效率。

（2）路线规划与优化

技术原理：基于大数据分析和机器学习算法，结合实时交通数据、历史配送经验等信息，为配送车辆规划出最优的行驶路线。

作用：减少行驶距离和时间，降低燃油消耗和排放，提高配送效率和环保性。

（3）自动化装载与配送

技术原理：通过自动化设备和智能系统，如自动分拣系统、AGV 等，实现货物的快速装载和准确配送。

作用：减少人工操作，提高装载效率和配送准确率，降低人力成本。

2. 智慧配送监控技术

（1）实时跟踪与定位

技术原理：利用GPS、北斗等卫星导航系统和GIS（地理信息系统），实时获取配送车辆的位置和行驶轨迹。

作用：确保对配送过程的全面掌握，便于管理者进行实时监控和调度。

（2）状态监测与预警

技术原理：在车辆和货物上安装传感器，通过物联网技术实时监测车辆状态（如车速、油耗、故障等）和货物状态（如温度、湿度、震动等）。

作用：及时发现异常情况并进行预警，确保配送过程中的安全和货物质量。

（3）数据分析与决策支持

技术原理：利用大数据和人工智能技术，对配送过程中产生的海量数据进行深入挖掘和分析，提取有价值的信息和规律。

作用：为管理者提供决策支持，如优化配送路线、调整配送策略、预测配送需求等，进一步提高配送效率和客户满意度。

3. 技术挑战与未来发展

（1）技术挑战

数据安全和隐私保护问题：随着大量数据的收集和分析，如何确保数据的安全性和用户隐私成为重要挑战。

技术整合与标准化问题：不同技术之间的整合和标准化是实现智慧配送的关键，但目前仍存在一定难度。

（2）未来发展

无人化配送：随着自动驾驶技术的不断发展，无人化配送将成为未来智慧配送的重要趋势。

智能化决策：人工智能技术将进一步融入智慧配送系统，提供更加智能化的决策支持。

绿色化配送：环保意识的提高将推动绿色配送技术的发展，如新能源车辆的应用、节能减排技术的应用等。

智慧配送执行与监控技术通过融合物联网、大数据、人工智能等先进技术，实现了对配送过程的高效、准确和可控管理。随着技术的不断进步和应用场景的扩展，智慧配送技术将在物流行业中发挥越来越重要的作用。

✣ 岗前培训3：智慧配送执行与监控的业务流程与应用场景

智慧配送执行与监控的业务流程是一个复杂而精细的过程，它涉及多个环节和技术的协同作用。

1. 智慧配送执行的业务流程

（1）订单接收与分配

系统自动接收客户订单，并进行初步处理，如订单确认、分类等。根据订单信息、车辆状态、人员配置等因素，利用智能算法自动分配配送任务。

（2）路线规划与优化

基于实时交通数据、历史配送经验等信息，为配送车辆规划出最优的行驶路线。考虑道路状况、交通限制、货物特性等多种因素，确保路线既高效又安全。

（3）装载与发车

配送员根据系统指示，将货物装载到指定车辆上，并进行必要的检查和确认。车辆按照规划路线出发，开始执行配送任务。

（4）在途监控与调度

利用 GPS、GIS 等技术实时监控车辆位置和行驶轨迹。对异常情况（如交通拥堵、车辆故障等）进行及时响应和处理，必要时进行车辆调度和路线调整。

（5）配送执行

配送员按照系统指示和客户要求，将货物送达指定地点。在配送过程中，保持与客户的沟通，确保配送的准确性和及时性。

（6）签收与反馈

客户签收货物后，配送员记录签收信息并反馈给系统。系统根据签收信息更新订单状态，并生成相应的配送报告。

2. 智慧配送监控的业务流程

（1）实时跟踪与定位

利用 GPS、北斗等卫星导航技术实时获取配送车辆的位置和行驶轨迹。在地图上直观展示车辆位置，便于管理者进行实时监控和调度。

（2）状态监测与预警

通过物联网技术，实时监测车辆状态（如车速、油耗、故障等）和货物状态（如温度、湿度、震动等），对异常情况进行及时预警。

（3）数据分析与决策支持

对配送过程中产生的海量数据进行深入挖掘和分析，提取有价值的信息和规律，为管理者提供决策支持。

（4）客户服务与反馈

实时跟踪订单状态，为客户提供订单查询、物流追踪等服务。收集客户反馈意见，不断优化配送服务流程，提高客户满意度。

智慧配送执行与监控的业务流程是一个高度自动化、智能化的过程，它利用现代信息技术手段实现了对配送过程的全面掌控和优化。通过这一流程的实施，可以显著提高配送效率、降低运营成本、提升客户体验。

3. 智慧配送执行与监控的应用场景

（1）电子商务领域

在电子商务领域，智慧配送执行与监控技术能够显著提升配送效率和客户体验。

订单处理与分配：电商平台接收到订单后，系统自动进行订单处理，并根据订单信息、仓库库存、配送员位置等因素，智能分配配送任务，确保订单能够快速准确地送达客户手中。

路线规划与优化：利用大数据分析和智能算法，为配送员规划出最优的配送路线，减少配送时间和成本，同时避免交通拥堵等不利因素。

在途监控与调度：通过 GPS、GIS 等技术实时监控配送车辆的位置和行驶轨迹，对异常情况进行及时响应和处理。

签收与反馈：客户签收后，系统自动更新订单状态，并收集客户反馈意见，为后续配送服务提供改进依据。

（2）制造业与供应链管理

在制造业和供应链管理中，智慧配送执行与监控技术能够优化供应链流程，提高生产效率。

生产物料配送：在生产过程中，智慧配送系统能够根据生产计划和物料需求，自动调度配送车辆，将生产物料准时送达生产线，确保生产过程的连续性和高效性。

成品出库与发货：成品生产完成后，智慧配送系统能够自动规划出库和发货路线，减少等待时间和库存成本，提高发货效率。

库存管理与预警：通过物联网技术实时监测库存状态，当库存低于安全库存时，系统自动发出预警信号，提醒管理者及时补货或调整生产计划。

（3）冷链物流

在冷链物流领域，智慧配送执行与监控技术能够确保冷藏产品在运输过程中的质量和安全。

温度监控：通过传感器实时监测冷藏产品在运输过程中的温度，确保产品始终处于适宜的温度范围内。

路线规划：根据产品特性和运输需求，智能规划运输路线，减少运输时间和温度波动对产品的影响。

异常预警：当温度异常或运输过程中出现其他异常情况时，系统自动发出预警信号，提醒管理者及时采取措施。

（4）城市配送

在城市配送中，智慧配送执行与监控技术能够提高配送的准确性和及时性。

智能快件箱：通过智能快件箱实现无人化配送，客户可以随时自助取件，提高配送效率和客户体验。

配送机器人：利用配送机器人进行“最后一公里”配送，减少人力成本，提高配送速度。

社区配送站：在社区设立配送站，集中管理配送任务，减少配送员在小区内的等待时间，提高配送效率。

(5) 国际物流

在国际物流领域，智慧配送执行与监控技术能够确保跨境运输的顺利进行。

跨国运输：通过智慧配送系统规划跨国运输路线和物流方案，降低运输成本和风险。

海关申报：自动进行海关申报和清关手续，提高通关效率。

跨国协同：与国外物流公司和合作伙伴进行跨国协同作业，确保货物在全球范围内快速流转。

智慧配送执行与监控技术在电子商务、制造业与供应链管理、冷链物流、城市配送和国际物流等多个领域和场景中有着广泛的应用。随着技术的不断进步和应用场景的不断扩展，智慧配送执行与监控技术将发挥更加重要的作用，推动物流行业的智能化和高效化发展。

任务执行

步骤1：以项目组为单位，通过网络搜索或查阅图书等方式查找智慧配送执行与监控的图片、视频等，归纳总结智慧配送执行与监控的基本概念、技术、流程和应用领域，将结果填入表4-5。

表4-5 智慧配送执行与监控一览表

序号	名称	图片	视频链接	提炼小结	备注
1	基本概念				
2	技术				
3	流程				
4	应用领域				

步骤2：各项目组制作关于智慧配送执行与监控的PPT并上台分享。

任务评价

在完成上述任务后，教师组织三方评价，完成表4-6的填写（满分10分，评价标准明细项目分值由教师根据培养目标和学情分析自行确定），并对学生任务执行情况进行点评。

表 4-6　　　　任务评价表

班级		项目组名称				
组长		成员				
评价要素	评价标准	评价依据	个人（10%）	项目组（30%）	教师（60%）	权重
知识	（1）熟悉智慧配送执行与监控的基本概念。 （2）熟悉智慧配送执行与监控的业务流程	表 4-5 填写情况				40%
能力	（1）识别智慧配送执行与监控技术。 （2）表述智慧配送执行与监控的应用领域	PPT 制作情况和上台分享情况				40%
素养	（1）遵守课堂管理规定。 （2）按时完成学习任务。 （3）有吃苦耐劳、团结协作的精神。 （4）服从管理，文明操作。 （5）有组织研讨的能力。 （6）学习积极主动、勤学好问	（1）考勤。 （2）课堂表现				20%

05 PROJ 项目五 智慧物流增值服务

◎**知识目标**

- 了解智慧物流增值服务的基本概念。
- 了解智慧物流增值服务的关键技术。
- 熟悉智慧物流增值服务的主要应用场景。
- 了解智慧物流增值服务的未来发展趋势。
- 了解新技术对智慧物流增值服务的影响。

◎**能力目标**

- 能够识别常见的智慧流通加工的设备。
- 具备创新思维。
- 能够团队协作。

◎**思政目标**

- 增强环保意识。
- 强化社会责任感。
- 树立职业道德，培养职业精神。

知识图谱

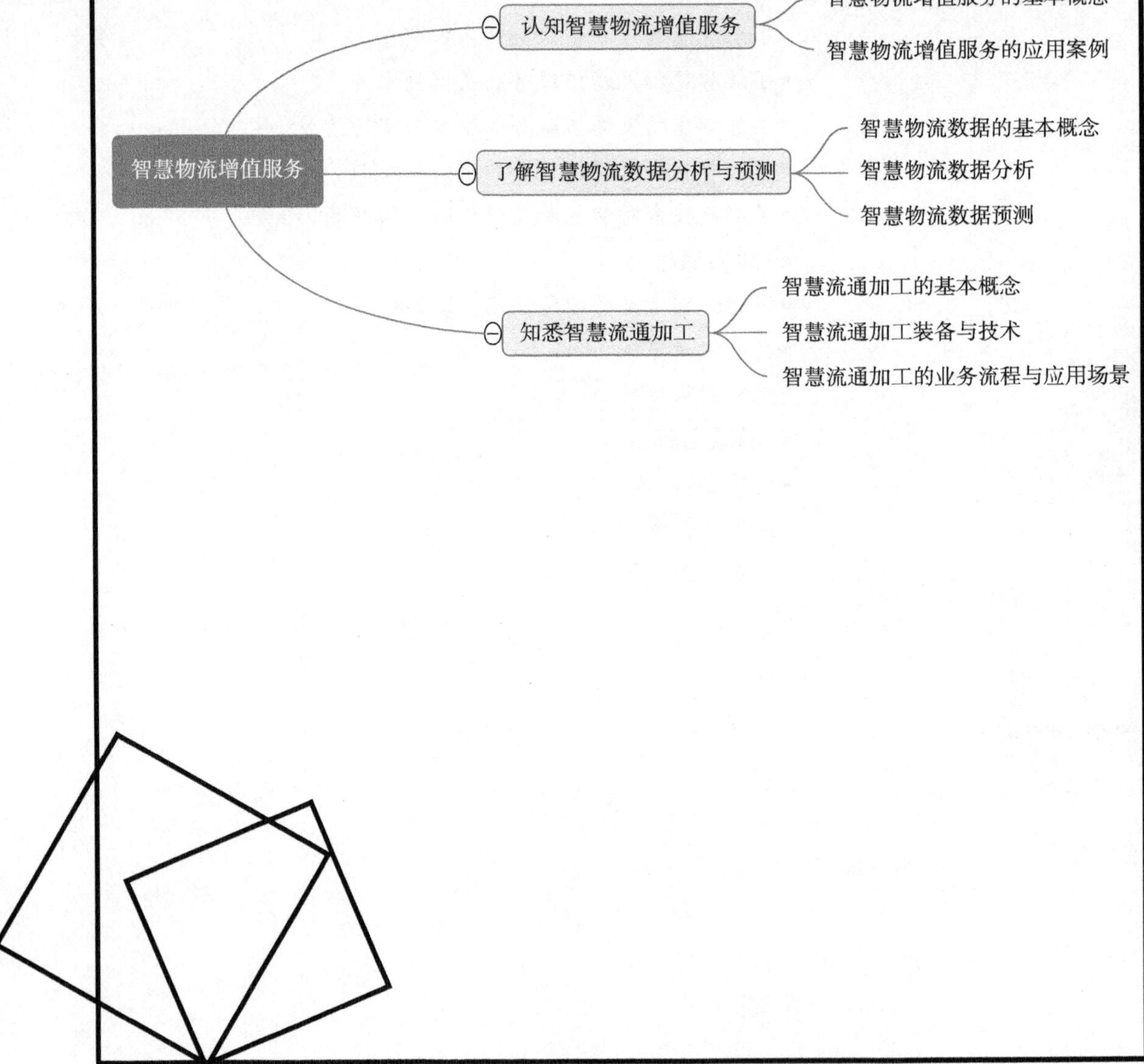

智慧物流增值服务
认知智慧物流增值服务
智慧物流增值服务的基本概念
智慧物流增值服务的应用案例
了解智慧物流数据分析与预测
智慧物流数据的基本概念
智慧物流数据分析
智慧物流数据预测
知悉智慧流通加工
智慧流通加工的基本概念
智慧流通加工装备与技术
智慧流通加工的业务流程与应用场景

岗位分析

岗位：增值业务专员

- **岗位职责**：专门负责设计和推广物流增值服务，如货物保险、代收货款、货到付款、物流咨询等，以满足客户的多样化需求。
- **典型工作任务**：负责货物保险、代收货款、物流咨询等工作。
- **职业素质**：具有沟通意识、协作意识、服务意识、安全意识、法规意识。
- **职业能力**：具备较强的智慧物流增值服务设计和推广能力，具有较强的沟通能力，一定的技术素养，持续学习的能力及灵活应变的能力。
- **可持续发展能力**：持续学习的能力与抗压能力。

项目导读

智慧物流增值服务是在传统物流服务的基础上，通过引入现代信息技术和创新模式，为客户提供的一系列附加服务。这些服务旨在提升物流效率、降低成本、提高服务质量和客户体验。

智慧物流增值服务不仅提升了物流效率和服务质量，还为客户提供了更加便捷、高效的物流体验。随着技术的不断进步和市场的不断发展，智慧物流增值服务的前景将更加广阔。

智慧物流增值服务已经在多个领域得到广泛应用，并取得了显著成效。例如，在电商领域，智能仓储管理提高了订单处理速度和准确率；在冷链物流领域，可视化物流追踪确保了食品和药品的安全；在制造业领域，定制化物流解决方案帮助企业实现了供应链的协同和优化。

物联网、大数据、人工智能等技术的深度融合将推动智慧物流增值服务不断创新。环保意识的增强将促使智慧物流增值服务向绿色化、可持续化方向发展。随着行业的不断成熟，智慧物流增值服务的标准化和规范化水平将不断提高。智慧物流增值服务将促进物流行业与其他行业的跨界合作，实现资源共享和共赢发展。

任务一　认知智慧物流增值服务

任务描述

子任务 1：学生以项目组为单位，通过网络搜索或查阅图书等方式结合学习内容识别智慧物流增值服务。

子任务 2：根据查找到的资料归纳总结智慧物流增值服务的内容。

子任务 3：每个项目组将所收集到的资料整理制作成汇报 PPT，并推荐同学做分享汇报。

岗前培训

✣ 岗前培训 1：智慧物流增值服务的基本概念

1. 智慧物流增值服务的定义

智慧物流增值服务是指在智慧物流的基础上，通过运用现代信息技术和创新模式，为客户提供的一系列附加的、能够提升物流效率、降低成本、提高服务质量和客户体验的物流服务。这些服务是智慧物流发展的高级阶段，也是物流行业转型升级的重要方向。

2. 智慧物流增值服务的内容

（1）可视化物流追踪与查询

物联网技术可实现物流全过程的实时监控和可视化展示，让客户随时掌握货物状态和运输进度。智慧物流提供便捷的在线查询服务，方便客户随时查询货物的位置、预计到达时间等信息。

（2）定制化物流解决方案

物流企业针对不同客户的特定需求，提供个性化的物流解决方案。整合物流资源，提供从采购、生产到销售的全链条物流服务，降低客户的物流成本，提高物流效率。通过智能仓储系统和先进的配送管理系统，提高仓储效率和配送准确性，降低物流成本。

（3）智能包装

根据货物属性和客户需求，智慧物流系统能自动选择最合适的包装材料和方式，提高包装效率和保护效果。同时，物流企业提供包括货物拆拼箱、重新贴签/包装、包装分类/拼货、零部件配套、产品退货管理、组装/配件组装、测试和修理等增值服务，满足客户的特殊需求。

（4）智能分析与决策支持

智慧物流系统可对物流数据进行深度挖掘和分析，发现潜在的问题和机会，为企业的决策提供支持。利用智能算法和数学模型，预测物流趋势和市场需求，帮助企业制定更加精准的物流策略。

（5）智慧装卸搬运

智慧装卸搬运指利用输送机、智能穿梭车等设备，结合智慧装卸搬运系统、通信系统、控制系统和监控系统，实现物流运作的一体化，提高货物处理的速度和准确性。利用智能设备和技术实现装卸搬运的自动化和智能化，提高物流作业效率和安全性。

（6）智能加工

智能加工指在流通环节中运用现代信息技术和智能设备对货物进行智能化贴签、配货和选装，提升物流运作效率。

（7）智能结算与支付

智慧物流增值服务可提供便捷、安全的在线支付和结算服务，简化交易流程。

（8）增值物流服务设计

智慧物流增值服务可根据客户的具体需求，提供个性化的物流解决方案，如货物拆拼箱、重新贴签/包装、包装/分类/拼货/零部件配套、产品退货管理、组装/配件组装、测试和修理等。提供逆向物流服务，包括退货处理、产品修复、再包装和二手货物销售等，降低客户运营成本，提高资产回收利用率。

（9）供应链管理服务

智慧物流增值服务可利用物流管理系统实现供应链的实时监控和跟踪，提高供应链的透明度和可控性。提供供应链监控、优化和协调服务，帮助企业实现供应链的透明化和高效运作。

（10）跨境电商物流解决方案

智慧物流增值服务可为跨境电商提供包括仓储、运输、清关、配送等在内的全链条物流服务，降低跨境电商的运营成本。

（11）绿色物流服务

智慧物流推广绿色物流理念，引导客户使用环保包装材料、节能减排的运输方式等，降低物流活动对环境的影响。

这些服务基于智慧物流的核心理念和技术手段，旨在提升物流效率、降低成本、增强客户体验和满意度。通过提供这些增值服务，物流企业可以更好地满足客户需求，提升市场竞争力。

3. 智慧物流增值服务的特点

（1）信息化与智能化

智慧物流增值服务充分利用现代信息技术，如物联网、大数据、云计算、人工智能等，实现对物流过程的实时监控、数据分析和智能决策。这不仅能够提高物流运作的透明度和可控性，还能优化物流流程，提高效率和准确性。

（2）个性化与定制化

针对不同客户的特定需求，智慧物流增值服务能够提供个性化的解决方案。例如，定制包装、特定运输方式等，以满足客户的独特需求。这种个性化的服务方式增强了客户体验，提高了客户满意度。

（3）高效性与协同性

智慧物流增值服务通过优化物流资源和流程，实现高效运作。同时，它能够促进跨集团、跨企业、跨组织之间的深度协同，基于物流系统全局优化的智能算法，调度整个物流系统中各参与方高效分工协作。这种协同合作模式不仅提高了物流运作的效率和准确性，还降低了物流成本。

（4）环保与可持续性

随着环保意识的增强，智慧物流增值服务也注重环保和可持续性，推广绿色物流理念，通过优化物流流程和提高资源利用效率，实现物流业的可持续发展。

（5）可视化与可追溯性

智慧物流增值服务利用现代信息技术实现物流过程的可视化和可追溯性。客户可以通过物流管理系统实时查看货物的位置和状态信息，了解物流运作的详细情况。这种可视化和可追溯性不仅提高了物流运作的透明度，还增强了客户对物流服务的信任感。

（6）数据驱动决策

智慧物流增值服务基于大数据分析和挖掘技术，对物流运作数据进行深入分析，提取有价值的信息用于决策支持。这种数据驱动决策的方式使得物流服务更加智能化和精准化，能够更好地满足客户需求并应对市场变化。

智慧物流增值服务具有信息化与智能化、个性化与定制化、高效性与协同性、环保与可持续性、可视化与可追溯性及数据驱动决策等特点。这些特点共同构成了智慧物流增值服务的核心竞争力。

✣ 岗前培训 2：智慧物流增值服务的应用案例

智慧物流增值服务运用先进信息技术、自动化设备和智能化管理手段，提高了物流效率和服务质量。以下是一些具体案例，展示了智慧物流增值服务的应用和创新。

1. 阿里巴巴菜鸟网络

菜鸟网络致力于构建全球智慧物流网络，通过流通加工提升物流服务。智能分拣系统利用人工智能和机器视觉技术，对入库和出库的商品进行自动化分拣，减少人工干预，提高效率。定制化包装根据客户需求提供个性化包装服务，提升品牌形象，减少运输损坏。数据驱动的库存管理通过大数据分析，实时监控库存状态，优化库存结构，减少滞销商品。

菜鸟网络构建的全球智慧物流网络提高了分拣效率，缩短了订单处理时间。降低了包装成本和运输损耗，提升了客户满意度。

2. 京东物流智能化仓储

京东物流在其仓储系统中引入智能化技术，提升增值服务能力。通过 AGV（自动导引车）和自动拣货机器人的应用进行货物的自动拣选和搬运，减少人工成本。通过 RFID、物联网技术及智能仓库管理系统实现商品的实时跟踪和管理，提高库存准确性，提供如贴标、组装等增值服务，满足客户的个性化需求。

京东物流的智能化仓储显著提升了仓储作业的效率和准确性，增强了客户的定制化需求响应能力。

3. 顺丰速运智慧物流平台

顺丰速运通过智慧物流平台，提高增值服务水平。通过智慧调度系统，利用大数据分析和算法优化，实现运输路线和资源的智能调度，提高配送效率。在主要城市设立流通加工中心，提供快速的商品处理和再加工服务，如分拣、打包和贴标。通过全程可视化管理信息系统，客户可以实时查看订单状态和物流进度，提升透明度。

顺丰速运的智慧物流平台降低了物流成本，提升了增值服务效益，增强了客户体验，提升了市场竞争力。

4. 亚马逊无人机配送

亚马逊在其物流体系中引入无人机配送，探索新型配送方式。在特定区域内，利用无人机进行快速配送，大幅缩短客户等待时间。通过 AI 系统对无人机进行调度，确保了配送的高效性和安全性。

亚马逊的无人机配送实现了 30 分钟内送达的目标，极大提升了客户体验。降低了配送成本。

5. 中通快递智能快递柜

中通快递推出智能快递柜，解决了“最后一公里”配送的问题。通过自取服务，客户可以选择将包裹放入智能快递柜，自行取件，避免了配送员上门的麻烦。快递柜 24 小时全天候开放，方便客户随时取件。智能快递柜通过 App 推送取件通知，提升了用户体验。

中通快递智能快递柜增值服务减轻了配送员的工作压力，提高了配送效率，提升了客户取件的便利性，提升了客户满意度。

6. 海尔的智慧物流管理

海尔通过智慧物流和流通加工，提升其供应链管理的灵活性和响应速度。根据客户需求进行个性化定制，提供一站式流通加工服务。通过物流可视化，可以实时监控物流的各环节，确保信息透明，能快速处理突发事件。

海尔智慧物流增值服务提高了生产效率和产品质量，减少了库存成本，增强了客户的定制化体验，提升了品牌忠诚度。

智慧物流增值服务通过智能化、自动化和数据化的手段，不仅提升了物流效率和成本效益，还改善了客户体验，增强了企业市场竞争力。随着技术的不断发展，智慧物流将继续推动物流行业的创新与变革，为行业的可持续发展提供有力支持。

任务执行

步骤1：以项目组为单位，通过网络搜索或查阅图书等方式查找智慧物流增值服务的图片、视频，归纳总结智慧物流增值服务的定义、内容、特点、应用，将结果填入表5-1。

表 5-1　智慧物流增值服务一览表

序号	名称	图片	视频链接	提炼小结	备注
1	智慧物流增值服务的定义				
2	智慧物流增值服务的内容				
3	智慧物流增值服务的特点				
4	智慧物流增值服务的应用				

步骤2：各项目组制作关于智慧物流增值服务的PPT并上台分享。

任务评价

在完成上述任务后，教师组织三方评价，完成表5-2的填写（满分10分，评价标准明细项目分值由教师根据培养目标和学情分析自行确定），并对学生任务执行情况进行点评。

表 5-2　任务评价表

班级		项目组名称				
组长		成员				
评价要素	评价标准	评价依据	个人（10%）	项目组（30%）	教师（60%）	权重
知识	（1）熟悉智慧物流增值服务的定义。 （2）熟悉智慧物流增值服务的内容、特点	表5-1填写情况				40%
能力	（1）识别智慧物流增值服务。 （2）表述智慧物流增值服务的应用	PPT制作情况和上台分享情况				40%
素养	（1）遵守课堂管理规定。 （2）按时完成学习任务。 （3）有吃苦耐劳、团结协作的精神。 （4）服从管理，文明操作。 （5）有组织研讨的能力。 （6）学习积极主动、勤学好问	（1）考勤。 （2）课堂表现				20%

任务二　了解智慧物流数据分析与预测

任务描述

子任务 1：学生以项目组为单位，通过网络搜索或查阅图书等方式结合学习内容了解智慧物流数据分析与预测。

子任务 2：根据查找到的资料归纳总结智慧物流数据分析与预测的应用。

子任务 3：每个项目组将所收集到的资料整理制作成汇报 PPT，并推荐同学做分享汇报。

岗前培训

✣ 岗前培训 1：智慧物流数据的基本概念

智慧物流数据包含了多个方面的数据，这些数据共同构成了智慧物流系统的核心，支持着物流流程的智能化、高效化和透明化运作。

1. 订单数据

物流订单数据包括订单的产生、分配、执行、完成等全生命周期的数据。这些数据帮助物流企业了解订单的需求、进度和完成情况，为订单管理和客户服务提供支持。

2. 运输数据

运输数据涵盖运输车辆的位置、速度、行驶路线、运输时间等实时数据，以及运输过程中的货物状态、温度、湿度等数据。这些数据有助于物流企业实现运输过程的可视化监控，提高运输效率，保障货物安全。

3. 仓储数据

仓储数据包括仓库的库存量、货物分布、出入库记录、库存周转率等数据。通过仓储数据，物流企业可以实时掌握库存情况，优化库存管理，提高仓储效率。

4. 配送数据

配送数据指配送过程中的配送员位置、配送路线、配送时间、配送结果等数据。这些数据有助于物流企业实现配送过程的精准管理，提高配送效率和客户满意度。

5. 客户数据

客户数据包括客户的基本信息、购买记录、偏好等数据。通过客户数据分析，物流企业可以更好地了解客户需求，提供个性化的物流服务，增强客户黏性。

6. 财务数据

财务数据包括物流成本、收入、利润等。这些数据有助于物流企业进行成本控制、盈利分析和经营决策。

7. 设备数据

设备数据涉及物流设备和设施的运行状态、维护记录、能耗等数据。通过设备数据分析，物流企业可以及时发现设备故障，进行预防性维护，提高设备利用率和降低维护成本。

8. 环境数据

环境数据包括物流作业现场的温度、湿度、噪声等环境数据。这些数据有助于物流企业评估作业环境对物流作业的影响，优化作业环境，提高作业效率。

9. 供应链数据

供应链数据涉及供应链上下游企业的信息、库存、生产计划等数据。通过供应链数据共享和分析，物流企业可以更好地协同上下游企业，优化供应链流程，提高供应链整体效率。

物流企业通过物联网、大数据、云计算等技术的运用，实现了数据的实时采集、传输、分析和应用，为物流运作提供了强大的数据支持，推动了物流行业的智能化发展。

✣ 岗前培训 2：智慧物流数据分析

智慧物流数据分析指通过大数据、人工智能、物联网等先进技术手段，对物流过程中产生的海量数据进行收集、存储、处理和分析，以提取有价值的信息，优化物流决策，提高物流效率，降低成本，并提升用户体验。

1. 智慧物流数据分析的目的

（1）提高物流效率

通过分析物流数据，物流企业可以识别出物流过程中的瓶颈和延误原因，从而优化物流路线、调整运输策略，提高物流效率。

（2）降低成本

智慧物流数据分析有助于发现物流过程中的不合理现象，如过量库存、低效运输等，通过优化这些环节，可以降低物流成本。

（3）提升用户体验

物流企业可以通过用户数据分析，了解用户的需求和偏好，提供个性化的物流服务，提升用户满意度。

2. 智慧物流数据分析的内容

（1）订单数据分析

订单数据分析包括对订单量、订单分布、订单周期等的分析，有助于预测市场需求，合理安排库存和运输计划。

（2）运输数据分析

运输数据分析包括对运输车辆的实时位置、行驶路线、运输时间等的分析，有助于优化运输路线，减少空驶率，提高运输效率。

（3）仓储数据分析

仓储数据分析包括对库存量、货物分布、出入库记录等的分析，有助于优化库存管理，减少库存积压，提高库存周转率。

（4）配送数据分析

配送数据分析包括对配送员的配送路线、配送时间、配送成功率等的分析，有助于提高配送效率、降低配送成本。

（5）客户数据分析

物流企业通过对客户行为进行分析，了解客户的购买习惯、偏好等，为制定个性化服务方案提供依据。

3. 智慧物流数据分析的步骤

（1）数据收集与存储

物流企业利用物联网技术收集物流数据，如订单数据、运输数据、仓储数据等，并存储在云平台上，以便后续处理和分析。

（2）数据预处理

数据预处理指对数据进行的清洗、转换、整合等一系列操作，以消除噪声数据、缺失值等，提高数据质量。

（3）数据分析与挖掘

物流企业运用数据挖掘技术，如聚类分析、关联规则挖掘等，发现数据中的隐藏模式和规律。

（4）模型构建与预测

物流企业可根据数据分析结果，构建预测模型，如回归模型、分类模型等，对未来数据进行预测，如销售预测、库存预测等。

4. 智慧物流数据分析的应用场景

（1）智能调度

物流企业通过分析运输数据和配送数据，实现运输车辆和配送员的智能调度，提高运输和配送效率。

（2）库存管理

物流企业通过仓储数据分析，实现库存的自动化管理和优化，减少库存积压和浪费。

（3）需求预测

物流企业可结合历史销售数据和市场趋势分析，预测未来市场需求，制订采购和生产计划。

（4）客户服务

物流企业通过客户数据分析，了解客户需求和偏好，提供个性化的物流解决方案和服务。

5. 智慧物流数据分析的挑战与应对

（1）数据量大、复杂度高

智慧物流涉及的数据量庞大且复杂，需要采用高效的数据处理和分析技术。

（2）数据安全与隐私保护

在数据分析过程中，需要确保数据的安全性和隐私性，防止数据泄露和滥用。

（3）技术更新快

随着大数据、人工智能等技术的不断发展，需要不断更新和优化数据分析技术和方法。

针对这些挑战，物流企业可以加强技术研发和投入，采用先进的数据处理和分析技术；同时加强数据安全和隐私保护意识，建立完善的数据安全管理体系；积极关注技术发展趋势，及时调整和优化数据分析策略和方法。

✣ 岗前培训 3：智慧物流数据预测

智慧物流数据预测是智慧物流领域中的重要环节，它通过对历史物流数据、实时物流数据及外部相关数据的深入分析，运用先进的预测模型和技术，对未来物流需求、运输能力、库存水平等进行精准预测，从而为企业提供更科学、更合理的物流决策支持。

1. 智慧物流数据预测的目的

（1）提高物流效率

物流企业通过预测物流需求，提前规划和调度资源，减少等待时间和空驶率，提高物流运输效率。

（2）优化库存管理

智慧物流数据预测可以预测库存需求，避免库存积压或缺货现象，降低库存成本，提高库存周转率。

（3）提升客户满意度

智慧物流数据预测可以准确预测配送时间，提高配送准时率，增强客户体验，提升客户满意度。

2. 智慧物流数据预测的内容

（1）物流需求预测

智慧物流数据预测可以根据历史销售数据、市场需求趋势、节假日因素等，预测未来一段时间内的物流需求量和需求分布。

（2）运输能力预测

智慧物流数据预测可以分析运输车辆的载重能力、行驶速度、运输成本等，预测未来一段时间内的运输能力，确保运输能力与物流需求相匹配。

（3）库存水平预测

智慧物流数据预测可以结合销售预测、采购周期、库存周转率等因素，预测未来一段时间内的库存水平，为库存管理提供决策依据。

3. 智慧物流数据预测的方法

（1）时间序列分析方法

物流企业可以利用历史物流数据的时间序列特征，构建预测模型，如 ARIMA 模型、灰色预测模型等，对未来物流需求进行预测。

（2）机器学习方法

物流企业可以运用机器学习算法，如决策树、支持向量机、神经网络等，对物流数据进行训练和学习，构建预测模型，实现物流需求的精准预测。

（3）数据挖掘技术

物流企业可以通过数据挖掘技术，从大量物流数据中挖掘出隐藏的关联规则、聚类信息等，为物流预测提供新的视角和思路。

4. 智慧物流数据预测的应用场景

（1）电商物流

电商平台利用智慧物流数据预测技术，预测商品销售趋势和物流需求，提前规划和调度物流资源，确保商品快速送达消费者手中。

（2）制造业物流

制造企业利用智慧物流数据预测技术，预测原材料和零部件的需求量和到货时间，优化生产计划和库存管理，提高生产效率。

（3）冷链物流

冷链物流行业利用智慧物流数据预测技术，预测易腐食品的保鲜期和运输时间，确保食品在运输过程的安全。

5. 智慧物流数据预测的挑战与应对

（1）数据质量问题

物流数据来源广泛且复杂，存在数据缺失、错误等问题。物流企业需要建立完善的数据质量管理体系，确保数据的准确性和完整性。

（2）预测模型选择问题

不同的预测模型适用于不同的应用场景和数据特征。物流企业需要根据具体情况选择合适的预测模型，并进行模型验证和优化。

（3）技术更新快

随着大数据、人工智能等技术的不断发展，智慧物流数据预测技术也在不断更新和迭代。物流企业需要密切关注技术发展趋势，及时调整和优化预测策略和方法。

智慧物流数据预测是智慧物流领域中的重要环节，它通过运用先进的预测模型和技术，实现对未来物流需求的精准预测，为企业提供更科学、更合理的物流决策支持。

任务执行

步骤1：以项目组为单位，通过网络搜索或查阅图书等方式查找智慧物流数据分析与预测的图片、视频等，归纳总结智慧物流数据的基本概念、分析和预测，将结果填入表5-3。

表5-3　智慧物流数据分析与预测一览表

序号	名称	图片	视频链接	提炼小结	备注
1	智慧物流数据的基本概念				
2	智慧物流数据分析				
3	智慧物流数据预测				

步骤2：各项目组制作关于智慧物流数据分析与预测的PPT并上台分享。

任务评价

在完成上述任务后，教师组织三方评价，完成表5-4的填写（满分10分，评价标准明细项目分值由教师根据培养目标和学情分析自行确定），并对学生任务执行情况进行点评。

表5-4　任务评价表

班级		项目组名称				
组长		成员				
评价要素	评价标准	评价依据	个人（10%）	项目组（30%）	教师（60%）	权重
知识	（1）熟悉智慧物流数据。 （2）熟悉智慧物流数据分析和预测方法	表5-3填写情况				40%

续表

评价要素	评价标准	评价依据	个人（10%）	项目组（30%）	教师（60%）	权重
能力	（1）识别智慧物流数据。 （2）表述智慧物流数据分析与预测的应用	PPT 制作情况和上台分享情况				40%
素养	（1）遵守课堂管理规定。 （2）按时完成学习任务。 （3）有吃苦耐劳、团结协作的精神。 （4）服从管理，文明操作。 （5）有组织研讨的能力。 （6）学习积极主动、勤学好问	（1）考勤。 （2）课堂表现				20%

任务三　知悉智慧流通加工

任务描述

子任务1：学生以项目组为单位，通过网络搜索或查阅图书等方式结合学习内容了解智慧流通加工业务。

子任务2：根据查找到的资料归纳总结智慧流通加工技术及应用领域。

子任务3：每个项目组将所收集到的资料整理制作成汇报PPT，并推荐同学做分享汇报。

岗前培训

岗前培训1：智慧流通加工的基本概念

1. 定义

智慧流通加工是指在物品从生产地到使用地的过程中，运用先进的技术（如物联网、大数据、人工智能等）对物品进行包装、切割、计量、分拣、刷标志、拴标签、组装等简单作业，以实现物品的物理、化学或形状变化，从而促进销售、维护产品质量和提高物流效率。

2. 特点

（1）智能化

智慧流通加工借助物联网、人工智能等技术，实现加工过程的自动化控制和智能化决策，提高了加工精度和效率。

（2）信息化

智慧流通加工通过大数据和云计算等技术，对流通加工过程中的信息进行实时采集、处理和分析，为物流管理和决策提供数据支持。

（3）灵活性

智慧流通加工能够根据客户需求和市场变化，灵活调整加工方案，满足多样化的加工需求。

（4）高效性

智慧流通加工通过优化加工流程和资源配置，提高加工效率和物流速度，降低物流成本。

3. 作用

（1）促进销售

智慧流通加工可以将产品加工成更适合销售的形式，如将散装产品分装成小包装，或将运输包装转换为销售包装，以吸引消费者并促进销售。

（2）维护产品质量

在流通过程中，适当的加工处理，如保鲜、防腐等，可以延长产品的保质期和使用寿命，维护产品质量。

（3）提高物流效率

智慧流通加工通过优化加工流程和资源配置，减少了物流环节中的等待时间和浪费，提高了物流效率。

（4）降低物流成本

智慧流通加工通过集中加工和规模化生产，可以降低单个产品的加工成本，同时减少物流过程中的损耗和浪费，从而降低整体物流成本。

4. 发展趋势

（1）技术融合

物联网、大数据、人工智能等技术的深度融合将推动智慧流通加工的智能化和自动化水平不断提高。

（2）绿色加工

环保意识的增强将促使智慧流通加工更加注重绿色加工和可持续发展，减少加工过程中的环境污染和资源浪费。

（3）个性化定制

消费者需求的多样化将推动智慧流通加工向个性化定制方向发展。

（4）供应链协同

智慧流通加工将更加注重与供应链上下游企业的协同合作，实现物流、信息流和资金流的深度融合和高效运转。

智慧流通加工是现代物流领域中的一个重要概念，它通过运用先进的技术实现物品的加工处理，促进销售、维护产品质量和提高物流效率。随着技术的不断发展和消费者需求的日益多样化，智慧流通加工将呈现出更加广阔的发展前景。

✣ 岗前培训 2：智慧流通加工装备与技术

1. 智慧流通加工装备

智慧流通加工装备是指利用智能化技术，在物流中心或相关流通环节对货物进行包装、分割、计量分拣、添加标签条码、组装等作业所需的先进设备。这些设备通过集成人工智能、大数据、自动化控制等先进技术，提高了加工效率和质量，降低了人工成本，并满足了用户多样化的需求。

（1）智能包装设备

自动捆扎机、自动缠膜机、自动封箱机等设备能够自动化地完成包装作业，减少人工干预，提高了包装效率和一致性。常见的智能包装设备如图 5-1 所示。

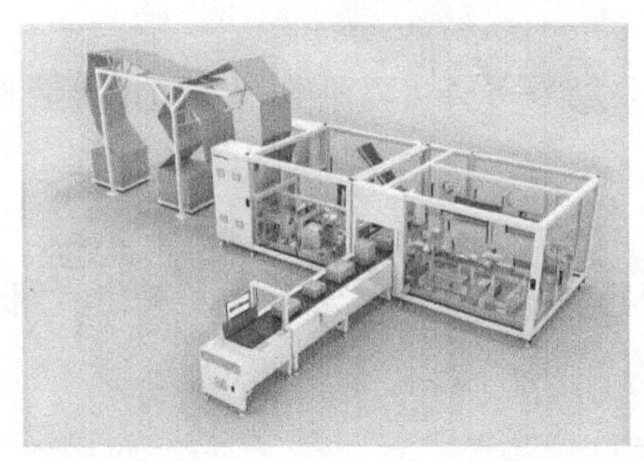

图 5-1　智能包装设备

（2）智能分拣设备

智能分拣设备利用自动感知与视觉识别系统，快速读取货物信息，控制输送路径，实现货物的自动分拣。这些设备能够大批量、连续稳定地工作，降低人为主观因素对作业结果的影响。

（3）智能加工设备

针对特定货物的加工需求，如剪切、折弯、切削等，物流企业可采用数控机床、激光成型机等高精度、高效率的加工设备。这些设备能够执行复杂的加工任务，提高加工精度和质量。

（4）智能仓储设备

自动化立体仓库、堆垛机、穿梭车等设备通过智能调度和优化算法，实现货物的自动存取和仓储管理。它们能够极大节省占地空间，提高仓储效率和利用率。

（5）智能搬运设备

AGV、无人驾驶叉车等设备能够沿既定路径自动搬运货物，减少人工搬运强度，提高搬运效率和安全性。

智慧流通加工装备的应用，不仅提高了物流作业的效率和准确性，还降低了物流成本，提升了企业的竞争力。随着智能化技术的不断发展和普及，智慧流通加工装备将在物流行业中发挥越来越重要的作用。

2. 智慧流通加工技术

智慧流通加工技术是指利用物联网、大数据、人工智能等现代信息技术，对物流流通过程中的商品进行智能化、自动化的加工处理，以提高物流效率、降低物流成本、满足消费者多样化需求的技术体系。

（1）技术构成

①物联网技术。

物联网技术通过 RFID、传感器等物联网设备，实现对流通加工过程中商品的实时监控和数据采集，为智能决策提供支持。

②大数据技术。

大数据技术通过对海量流通加工数据进行收集、存储、处理和分析，挖掘数据价值，优化加工流程，从而提高加工效率和质量。

③人工智能技术。

人工智能技术利用机器学习、深度学习等算法，对流通加工过程进行智能预测、优化和决策，从而实现加工过程的自动化和智能化。

④自动化技术。

自动化技术通过自动化设备和机器人技术，实现加工过程的自动化操作，减少人工干预，提高加工精度和效率。

（2）技术应用

①智能分拣。

智慧流通加工利用机器视觉和智能算法，对商品进行快速、准确的识别和分拣，提高分拣效率和准确性。

②智能包装。

智慧流通加工根据商品特性和消费者需求，自动选择合适的包装材料和包装方式，实现个性化包装和定制化服务。

③智能加工。

智慧流通加工可实现对商品的自动化切割、组装、打标等，提高商品的附加值和市场竞争力。

④智能仓储。

智慧流通加工通过智能仓储系统，实现商品的自动化存取、库存管理和优化调度，提高仓储效率和利用率。

⑤智能运输。

智慧流通加工利用 GPS、GIS 等技术，对运输过程进行实时监控和调度，确保商品安全、准时送达。

（3）技术优势

①提高效率。

智慧流通加工通过自动化和智能化技术，减少人工干预，提高加工效率和物流速度。

②降低成本。

智慧流通加工优化加工流程和资源配置，降低物流成本和人力成本。

③提升质量。

智慧流通加工通过智能控制和优化算法，提高加工精度和产品质量。

④满足需求。

智慧流通加工根据消费者需求和市场变化，灵活调整加工方案，满足多样化需求。

智慧流通加工技术是现代物流领域的重要技术支撑，它通过智能化、自动化的手段提高了物流效率和质量，降低了物流成本，满足了消费者多样化的需求。随着技术的不断发展和普及，智慧流通加工技术将在物流行业中发挥越来越重要的作用。

✣ 岗前培训 3：智慧流通加工的业务流程与应用场景

1. 智慧流通加工的业务流程

智慧流通加工的业务流程是一个集成了物联网、大数据、人工智能等先进技术的综合过程，旨在提高物流效率、降低物流成本，并满足消费者多样化的需求。

（1）需求分析

①客户订单接收。

接收来自客户或上游供应链系统的订单信息，包括商品名称、数量、规格、包装要求等。

②需求分析。

对订单信息进行分析，确定加工需求，如是否需要分割、包装、贴标、组装等。

（2）原料准备

①原料采购。

根据加工需求，采购所需的原材料或半成品。

②质量检验。

对采购的原料进行质量检验，确保原料符合加工要求。

（3）智能加工

①智能分拣。

利用机器视觉和智能算法，对原料进行快速、准确的识别和分拣。

②自动化加工。

通过自动化设备（如机器人、自动化生产线）进行切割、组装、打标等加工处理。加工过程中，设备会根据预设的参数和程序自动完成加工任务，减少人工干预，提高加工精度和效率。

③质量控制。

在加工过程中实施严格的质量控制措施，确保加工出的产品符合质量标准。

（4）智能包装

①包装材料选择。

根据产品特性和客户需求，选择合适的包装材料。

②自动化包装。

利用自动化包装设备（如自动封箱机、自动打包机等）进行包装作业。包装过程中，设备会自动完成包装材料的裁剪、折叠、封口等步骤，提高包装效率和一致性。

（5）智能仓储与物流

①智能仓储。

将加工好的产品送入智能仓库进行储存。智能仓库利用物联网、RFID 等技术对库存进行实时监控和管理，确保库存信息的准确性和及时性。

②智能物流。

根据订单信息，利用智能调度系统和物流网络进行货物的配送。配送过程中，利用 GPS、GIS 等技术对运输过程进行实时监控和调度，确保货物安全、准时送达客户手中。

（6）售后服务

①客户反馈收集。

收集客户对产品的反馈意见，了解产品在使用过程中存在的问题和改进建议。

②售后服务提供。

根据客户反馈，提供必要的售后服务支持，如退换货、维修等。

（7）数据收集、分析与流程优化

①数据收集。

收集加工过程中的各项数据，包括加工效率、成本、质量等。

②数据分析。

利用大数据技术对收集到的数据进行分析和挖掘，发现潜在的问题和改进点。

③流程优化。

根据数据分析结果，对加工流程进行持续优化和改进，提高整体效率和竞争力。

智慧流通加工的业务流程是一个高效、精准、智能的物流加工过程。通过对现代信息技术和智能设备的应用，实现了从原料采购到成品配送的全链条智能化管理，提高了物流效率和客户满意度。

2. 智慧流通加工的应用场景

智慧流通加工的应用场景广泛，涵盖了多个行业和领域。

（1）电子商务领域

①智能仓储与分拣。

在电商仓库中，企业利用物联网、RFID、机器视觉等技术，实现商品的自动化入库、储存、分拣和出库，通过智能算法优化仓储布局和拣选路径，提高拣选效率和准确率。

②个性化包装。

根据订单要求，自动选择合适的包装材料和包装方式，实现个性化包装和定制化服务。例如，为易碎品提供防震包装，为贵重品提供防盗包装等。智慧流通工加工可以提高仓库管理效率，降低人力成本；满足个性化需求，提升客户体验。

（2）制造业领域

①零部件加工与组装。

在汽车、电子等制造业中，企业利用自动化生产线和机器人技术，对零部件进行精确加工和组装，通过智能调度系统，实现生产线的灵活配置和高效运行。

②供应链协同。

企业可与上游供应商和下游客户实现信息共享和协同作业，优化生产计划、库存管理和物流配送等环节。

（3）农产品流通领域

①智能分级与包装。

在农产品产地，企业可利用机器视觉和智能算法对农产品进行快速分级和包装。根据产品的大小、重量、品质等进行分类，并自动选择合适的包装材料进行包装。

②冷链物流。

在农产品运输过程中，企业利用物联网技术对温度、湿度等环境参数进行实时监控，确保农产品的品质和安全。

（4）医药流通领域

①特殊药品管理。

智慧流通加工对需要特殊储存和运输的药品（如冷藏药品、生物制品等）进行智能化管理。通过物联网技术实时监控药品的储存环境和运输状态，确保药品的安全性和有效性。

②追溯体系。

智慧流通加工建立药品追溯体系，通过扫码等方式记录药品的生产、流通和使用信息。在出现质量问题时能够快速追溯源头并采取相应措施。

智慧流通加工在多个领域都有着广泛的应用。随着技术的不断发展和创新，智慧流通加工的应用场景还将不断扩展和深化。

任务执行

步骤1：以项目组为单位，通过网络搜索或查阅图书等方式查找智慧流通加工的图片、视频，归纳总结智慧流通加工装备、技术、流程和应用领域，将结果填入表5-5。

表5-5　智慧流通加工一览表

序号	名称	图片	视频链接	提炼小结	备注
1	智慧流通加工装备				

续表

序号	名称	图片	视频链接	提炼小结	备注
2	智慧流通加工技术				
3	智慧流通加工流程				
4	智慧流通加工应用领域				

步骤 2：各项目组制作关于智慧流通加工的 PPT 并上台分享。

任务评价

在完成上述任务后，教师组织三方评价，完成表 5-6 的填写（满分 10 分，评价标准明细项目分值由教师根据培养目标和学情分析自行确定），并对学生任务执行情况进行点评。

表 5-6　任务评价表

班级		项目组名称				
组长		成员				
评价要素	评价标准	评价依据	个人（10%）	项目组（30%）	教师（60%）	权重
知识	（1）熟悉智慧流通加工业务。 （2）熟悉智慧流通加工装备、技术、流程、应用领域	表 5-5 填写情况				40%
能力	（1）识别智慧流通加工业务。 （2）识别智慧流通装备。 （3）表述智慧流通加工的业务流程。 （4）表述智慧流通加工的应用领域	PPT 制作情况和上台分享情况				40%
素养	（1）遵守课堂管理规定。 （2）按时完成学习任务。 （3）有吃苦耐劳、团结协作的精神。 （4）服从管理，文明操作。 （5）有组织研讨的能力。 （6）学习积极主动、勤学好问	（1）考勤。 （2）课堂表现				20%

06 PROJ

项目六 认识供应链

◎**知识目标**

- 了解供应链的基本概念。
- 了解供应链的关键技术。
- 熟悉供应链运营。
- 了解供应链与供应链运营的未来发展趋势。
- 了解新技术对供应链和供应链运营的影响。

◎**能力目标**

- 能够识别常见的供应链。
- 具备创新思维。
- 能够团队协作。

◎**思政目标**

- 增强环保意识。
- 强化社会责任感。
- 树立职业道德，培养职业精神。

知识图谱

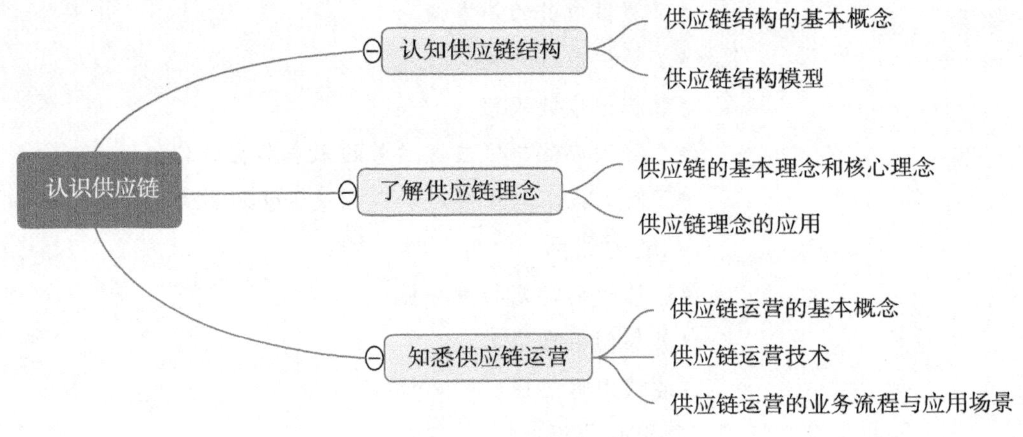

认识供应链
认知供应链结构
供应链结构的基本概念
供应链结构模型
了解供应链理念
供应链的基本理念和核心理念
供应链理念的应用
知悉供应链运营
供应链运营的基本概念
供应链运营技术
供应链运营的业务流程与应用场景

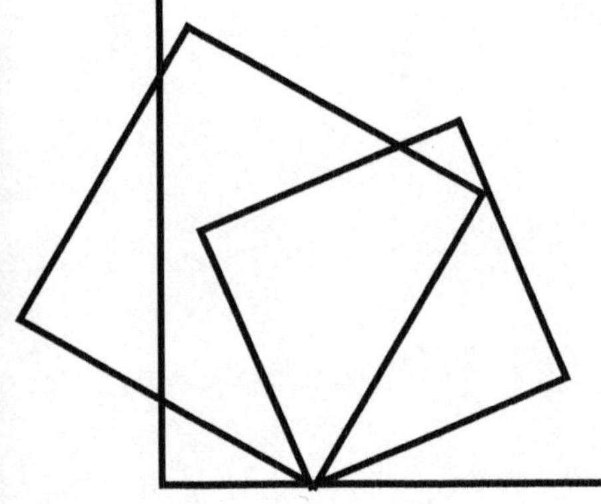

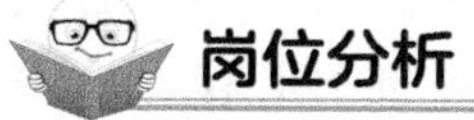

岗位分析

岗位1：供应商开发与管理专员

- **岗位职责**：负责制订供应商开发计划，负责供应商及供应渠道的开发、维护和发展。对供应商进行评价、分级，并进行月度、季度、年终考核的评审及淘汰。
- **典型工作任务**：供应商开发、供应商管理。
- **职业素质**：具有沟通意识、协作意识、服务意识、安全意识、法规意识。
- **职业能力**：具备较强的采购技能及经验，具有较强的沟通能力，持续学习的能力及灵活应变的能力。
- **可持续发展能力**：持续学习的能力与抗压能力。

岗位2：供应链项目主管

- **岗位职责**：负责整个供应链项目的规划、执行和监督，确保项目按时、按质、按量完成。
- **典型工作任务**：供应链项目规划、供应链项目执行和监督。
- **职业素质**：具有安全意识、法规意识、团队协作意识。
- **职业能力**：具有项目规划与执行能力、数据处理与分析能力。
- **可持续发展能力**：持续学习的能力与创新能力。

项目导读

国家标准《物流术语》中供应链（Supply Chain）的定义为：生产及流通过程中，围绕核心企业的核心产品或服务，由所涉及的原材料供应商、制造商、分销售、零售商直到最终用户等形成的网链结构。

供应链是围绕核心企业，通过对信息流、物流、资金流的控制，从采购原材料开始，制成中间产品及最终产品，最后由销售网络把产品送到消费者手中的功能网链结构。这个结构不仅是一条连接供应商到用户的物流链、信息链、资金链，而且是一条增值链，物料在供应链上因加工、包装、运输等过程而增加其价值，给相关企业带来收益。这个结构不仅涵盖了物流系统，还涉及了企业的生产、流通、消费等多个环节，是一个复杂而动态的系统。

供应链管理的目标是在满足客户需要的前提下，对整个供应链（从供应商、制造商、分销商、零售商到消费者）的各个环节进行综合管理，以达到降低成本、提高效率、优化库存管理等目的。

供应链是现代商业运作中不可或缺的一部分，涵盖了从原材料获取到产品交付的各个环节。有效的供应链管理能够帮助企业降低成本、提高效率和增强客户满意度。在快速变化的市场环境中，企业需要不断优化和调整供应链策略，以应对各种挑战并保持竞争优势。

在全球经济一体化的背景下，供应链管理已经成为企业获取竞争优势的重要手段。通过优化供应链管理，企业可以降低成本、提高效率、增强市场响应能力，从而在激烈的市场竞争中脱颖而出。

任务一　认知供应链结构

任务描述

子任务 1：学生以项目组为单位，通过网络搜索或查阅图书等方式结合学习内容识别供应链结构。

子任务 2：根据查找到的资料归纳总结供应链的结构特征。

子任务 3：每个项目组将所收集到的资料整理制作成汇报PPT，并推荐同学做分享汇报。

岗前培训

✣ 岗前培训 1：供应链结构的基本概念

1. 定义

供应链结构是指由原材料供应商、制造商、分销商、零售商及最终用户等各个节点企业所组成的网络结构。这个结构通过信息流、物流、资金流的相互连接和协调，实现了从原材料采购到最终产品交付给消费者的全过程。

2. 主要组成部分

供应商：提供原材料、零部件或服务的上游企业。

制造商：将原材料或零部件加工成最终产品的企业。

分销商：负责将制造商生产的产品分销到各个销售渠道的企业。

零售商：将产品销售给最终用户的企业。

最终用户：供应链的终端，即购买和使用产品的消费者。

3. 结构类型

（1）纵向集成

纵向集成指一个组织拥有供应链各个部分的结构。一个高度纵向集成的企业可以控制从原料准备到产品零售的全部活动。这种结构有助于降低交易成本、更好地控制物流和信息交流，但也可能导致组织庞大、管理机构复杂，反应速度变慢。

（2）企业间联盟

企业间联盟指供应链由多个独立的企业组成，它们之间通过合同、协议等方式建立合作关系，共同完成供应链的各项任务。供应链由多个企业组成的联盟，每个企业专注于自己的核心领域，通过合作实现整体效益最大化。这种结构有助于企业间资源共享、优势互补，可以提高供应链的灵活性和响应速度。这种类型的企业间联盟有助于降低交易成本，提高供应链的整体效率。

（3）混合形式

在纵向集成与企业联盟之间，还存在许多混合形式。例如，通过企业集团的形式寻求中小企业与大企业配套和专业化协作的途径，实现供应链的协同和优化。通过企业集团的形式，使大企业与中小企业合理分工，各施所长，按照整个供应链的流动进行配套和协作。

4. 特点

（1）复杂性

供应链结构通常涉及多个环节和多个企业，因此具有较高的复杂性。

（2）动态性

随着市场需求、技术和竞争格局的变化，供应链结构也需要不断调整和优化。

（3）协同性

供应链中的各个环节需要紧密协作，才能实现供应链的整体优化。

（4）适应性

供应链结构需要具备一定的灵活性，以应对外部环境的变化和不确定性。

5. 优化策略

（1）加强供应链管理

通过引入先进的供应链管理理念和工具可以提高供应链的透明度和协同性。

（2）建立长期稳定的合作关系

与供应商、分销商等合作伙伴建立长期稳定的合作关系，可以降低交易成本，提高供应链的整体效率。

（3）实施精益供应链

通过消除浪费、提高效率和灵活性等方式，可以实现供应链的精益化运作。

（4）加强风险管理

企业可以建立供应链风险管理体系，对潜在风险进行识别、评估和控制，确保供应链的稳定性和安全性。

6. 优化方向

（1）加强信息化建设

企业可以通过先进的信息技术，实现供应链各节点企业之间的信息共享和协同工作。

（2）优化库存管理

先进的库存管理方法和技术手段有助于降低库存成本、提高库存周转率。

（3）提高物流效率

企业可以通过先进的物流技术和设备等手段优化物流网络，提高物流效率和服务水平。

（4）加强风险管理

建立完善的风险管理机制和应急预案体系可以降低供应链风险对企业的影响。

供应链结构是一个复杂而动态的系统网络结构，由多个节点企业和环节组成。通过加强信息化建设、优化库存管理、提高物流效率和加强风险管理等措施可以不断优化供应链结构，提高企业的竞争力和市场响应能力。

✣ 岗前培训 2：供应链结构模型

供应链结构模型是描述供应链中各成员企业及其相互关系的拓扑结构。

1. 供应链结构模型的基本类型

供应链结构模型主要包括链状模型和网状模型两种。

（1）链状模型

链状模型是供应链结构中最基础、最简单的形式。它呈现为一条从供应商到制造商，再到分销商和最终用户的线性链条。链状模型是供应链结构的一种简化表示方式，它清晰地展示了产品从供应商到制造商，再到分销商，到达最终用户的流动过程。在这个过程中，产品经历了加工、装配等转换过程，并最终被用户消费。

链状模型有如下几个特点。

物流方向明确，通常从供应商流向制造商，再流向分销商和最终用户。

节点企业数量有限，关系相对简单。

该模型适用于产品种类较少、供应链关系较为稳定的场景。

在链状模型中，供应商（如原材料提供商）向制造商提供原材料，制造商加工成产品后交给分销商，分销商再将产品销售给最终用户。

（2）网状模型

网状模型是对链状模型的进一步扩展和复杂化，它更能反映现实世界中供应链的复杂性和多样性。在网状模型中，一个节点（如制造商）可能有多个供应商和分销商，同时这些供应商和分销商之间也可能存在复杂的联系。网状模型有如下几个特点。

在网状模型中，供应链上的节点企业数量更多，且相互之间的关系更加复杂。

节点企业之间的连接更加灵活和多样，可以是一对一、一对多或多对多的关系。

物流、信息流和资金流在网状模型中交织流动，形成复杂的网络。

该模型适用于产品种类多、供应链关系复杂的场景。

在网状模型中，一个制造商可能有多个供应商和分销商，同时一个分销商也可能销售多个制造商的产品。此外，节点企业之间还可能存在交叉供货和交叉销售的情况。

2. 供应链结构模型的拓展与变化

（1）多元化与复杂化

随着全球化和市场竞争的加剧，供应链结构模型逐渐从简单的链状模型向多元化、复杂化的网状模型转变。这种转变主要体现在供应链中节点企业的增加、节点间关系的复杂化及供应链层级的增多。例如，一个制造商可能同时与多个供应商和分销商合作，而这些供应商和分销商之间也可能存在复杂的合作关系。这种多元化和复杂化的供应链结构模型有助于企业更好地应对市场风险、提高供应链的灵活性和响应速度。

（2）数字化与智能化

随着云计算、大数据、人工智能等技术的不断发展，供应链结构模型也在逐步向数字化和智能化方向拓展。数字化供应链通过集成先进的信息技术和管理方法，实现了供应链各节点企业之间的信息共享和协同工作。智能化供应链则进一步利用人工智能技术进行智能决策、自动化执行和实时监控等操作，提高了供应链的效率和准确性。例如，通过大数据分析可以预测市场需求和供应链风险，从而提前调整供应链策略；通过物联网技术可以实时监控供应链中的物流信息和产品状态，确保供应链的顺畅运行。

（3）绿色化与可持续性

随着全球对环境保护和可持续发展的重视，供应链结构模型也在向绿色化和可持续性方向拓展。绿色供应链强调在供应链的各个环节中注重环境保护和资源节约，通过采用环保材料、节能减排等措施降低供应链对环境的影响。同时，绿色供应链还注重供应链的可持续性发展，通过推动循环经济、提高资源利用效率等方式实现供应链的长期稳定发展。这种绿色化和可持续性的供应链结构模型有助于企业更好地履行社会责任、提高品牌形象和市场竞争力。

（4）全球化与本地化相结合

全球化是推动供应链发展的重要因素之一，但同时也带来了地缘政治风险、贸易保护主义的挑战。因此，供应链结构模型在拓展过程中也呈现出全球化与本地化相结合的趋势。一方面，企业通过建立全球供应链网络实现资源的优化配置和市场的快速响应；另一方面，企业也注重在本地建立供应链体系以应对地缘政治风险和贸易保护主义的挑战。这种全球化与本地化相结合的供应链结构模型有助于企业更好地适应复杂多变的国际环境、提高供应链的韧性和稳定性。

（5）跨界合作与生态系统构建

在数字化时代，跨界合作和生态系统构建已经成为供应链发展的重要方向之一。企业不再局限于传统的行业界限和供应链范围内的合作，而是积极与其他行业、其他领域的合作伙伴共同构建供应链生态系统。这种跨界合作和生态系统构建有助于企业实现资源共享、优势互补和协同创新，从而提高整个供应链的效率和竞争力。同时，通过构建供应链生态系统还可以促进供应链的可持续性发展，推动整个行业的转型升级和绿色发展。

供应链结构模型的拓展与变化主要体现在多元化与复杂化、数字化与智能化、绿色化与可持续性、全球化与本地化相结合及跨界合作与生态系统构建等方面。这些拓展与变化将有助于企业更好地应对市场挑战、提高供应链的效率和竞争力并推动整个行业的可持续发展。

3. 供应链结构模型的应用与优化

供应链结构模型的应用与优化是供应链管理中的核心议题，它们直接关系到企业的运营效率、成本控制和市场竞争力。

（1）供应链结构模型的应用

①支持战略决策。

供应链结构模型有助于企业高层管理者在制定企业战略时，考虑供应链的整体布局和运作方式。通过模型分析，企业可以评估不同供应链策略对成本、效率和市场响应速度的影响，从而做出更加科学合理的决策。

②指导日常运营。

在日常运营中，供应链结构模型可以作为指导工具，帮助企业优化采购、生产、库存、物流等各个环节的运作。通过模型模拟和预测，企业可以及时发现潜在问题并采取措施加以解决，确保供应链的顺畅运行。

③促进协同合作。

供应链结构模型有助于促进供应链上各节点企业之间的协同合作。通过模型展示供应链的整体结构和运作流程，各节点企业可以更加清晰地了解彼此的角色和责任，从而加强沟通、协作和信息共享，提高供应链的整体效率。

④应对市场变化。

在市场环境快速变化的情况下，供应链结构模型可以帮助企业灵活调整供应链策略。通过模型分析不同市场条件下的供应链表现，企业可以制定有针对性的应对措施，以应对市场变化带来的挑战和机遇。

（2）供应链结构模型的优化

①网络结构优化。

供应链网络结构优化是供应链优化的重要内容之一。企业可以通过调整供应链网络中的节点布局、连接方式和物流路径等，来降低物流成本、提高物流效率并增强供应链的灵活性。例如，通过集中采购、分散配送等方式来优化供应链网络结构。

企业可以分析供应链中各节点的地理位置、资源禀赋和市场需求，合理调整节点的布局，以实现资源的优化配置和物流成本的降低。例如，将仓库设置在市场需求较大的地区，减少运输距离和时间，提高配送效率。

处于供应链中的企业应加强供应链上各节点之间的连接和协作，建立稳定的供应链合作关系。企业可以采用先进的通信技术和信息系统，以实现供应链信息的实时共享和透明化，提高供应链的协同效率。

企业可以根据市场需求和物流资源情况，合理规划物流路径，减少运输成本和时间。引入智能调度系统和物流优化算法，实现物流路径的自动规划和调整。

②流程优化。

流程优化是供应链优化的另一个重要方面。企业可以通过分析供应链中的各个环节和流程，找出存在的问题和瓶颈，并采取措施加以改进。例如，企业可以通过精益生产、六西格玛管理等先进管理工具来优化生产流程；通过优化库存管理策略来降低库存成本并提高库存周转率等。

企业可以引入精益生产、六西格玛管理等先进管理理念，对生产流程进行持续优化和改进。提高生产线的自动化和智能化水平，减少人工干预和错误率，提高生产效率和产品质量。

企业可以建立集中采购和分散采购相结合的采购模式，降低采购成本并提高采购效率。引入电子化采购系统和供应商管理系统，实现采购过程的透明化和规范化。

企业可以采用先进的库存管理技术，如实时库存监控、预测性补货等，实现库存水平的优化和降低库存成本。加强与供应商和客户的协同合作，实现库存的共享和调配。

③信息化优化。

信息化优化是提升供应链效率的重要手段。企业可以通过建立供应链信息平台、采用先进的信息技术等手段来实现供应链的信息化优化。通过信息化手段，企业可以实时掌握供应链中各环节的运作情况，及时发现问题并采取措施加以解决；同时还可以加强与供应链上各节点企业的信息共享和协同合作，提高供应链的整体效率。

企业可以建立统一的供应链信息平台，实现供应链各环节信息的实时共享和更新。引入大数据、云计算、人工智能等先进技术，提高信息系统的智能化水平和数据分析能力。

企业可以建立完善的信息协同机制，确保供应链上各节点企业之间的信息畅通和协同一致。加强与供应商、客户、物流服务商等合作伙伴的信息共享和协同合作，提高供应链的整体效率和响应速度。

④风险管理优化。

风险管理优化是确保供应链稳定运行的重要保障。企业可以通过建立供应链风险评估体系、制定应急预案等措施来降低供应链风险。同时，企业还可以加强与供应链上各节点企业的风险共担和协同应对机制建设，共同应对供应链中的风险挑战。

企业可以建立完善的供应链风险评估体系，对供应链中的潜在风险进行定期评估和分析。识别供应链中的关键节点和薄弱环节，制定相应的风险应对措施和预案。

企业可以加强与供应链上各节点企业的风险共担和协同应对机制建设，共同应对供应链中的风险挑战。引入供应链金融、保险等金融工具，降低供应链风险对企业运营的影响。

⑤持续改进。

企业应建立完善的供应链绩效评估体系，对供应链的优化效果进行定期评估和分析。

企业应根据评估结果及时调整和优化供应链结构模型，实现供应链的持续改进和升级。

供应链上各节点企业应加强学习和创新，引入新的管理理念和技术手段。

企业应加强与行业协会、研究机构等外部组织的交流与合作，共同推动供应链管理的创新与发展。

供应链结构模型优化是一个复杂而系统的过程，需要从网络结构、流程、信息化、风险管理等多个方面入手进行综合考虑和优化。通过不断优化供应链结构模型，企业可以提高供应链的效率和响应速度，降低运营成本并增强抗风险能力。

任务执行

步骤 1：以项目组为单位，通过网络搜索或查阅图书等方式查找供应链结构的图片、视频等，归纳总结供应链的定义、模型、模型拓展和模型优化，将结果填入表 6-1。

表 6-1　　供应链结构一览表

序号	名称	图片	视频链接	内容	备注
1	供应链的定义				
2	供应链链状模型				
3	供应链网状模型				
4	供应链模型拓展				
5	供应链模型优化				

步骤 2：各项目组制作关于供应链结构的 PPT 并上台分享。

任务评价

在完成上述任务后，教师组织三方评价，完成表 6-2 的填写（满分 10 分，评价标准明细项目分值由教师根据培养目标和学情分析自行确定），并对学生任务执行情况进行点评。

表 6-2　　任务评价表

<table>
<tr><td>班级</td><td></td><td>项目组名称</td><td colspan="4"></td></tr>
<tr><td>组长</td><td></td><td>成员</td><td colspan="4"></td></tr>
<tr><td>评价要素</td><td>评价标准</td><td>评价依据</td><td>个人（10%）</td><td>项目组（30%）</td><td>教师（60%）</td><td>权重</td></tr>
<tr><td>知识</td><td>（1）熟悉供应链的定义。
（2）熟悉供应链模型</td><td>表 6-1 填写情况</td><td></td><td></td><td></td><td>40%</td></tr>
<tr><td>能力</td><td>（1）识别供应链结构。
（2）表述供应链结构模型与优化</td><td>PPT 制作情况和上台分享情况</td><td></td><td></td><td></td><td>40%</td></tr>
<tr><td>素养</td><td>（1）遵守课堂管理规定。
（2）按时完成学习任务。
（3）有吃苦耐劳、团结协作的精神。
（4）服从管理，文明操作。
（5）有组织研讨的能力。
（6）学习积极主动、勤学好问</td><td>（1）考勤。
（2）课堂表现</td><td></td><td></td><td></td><td>20%</td></tr>
</table>

任务二　了解供应链理念

任务描述

子任务 1：学生以项目组为单位，通过网络搜索或查阅图书等方式结合学习内容了解供应链理念。

子任务 2：根据查找到的资料归纳总结供应链理念的应用。

子任务 3：每个项目组将所收集到的资料整理制作成汇报 PPT，并推荐同学做分享汇报。

岗前培训

✣ 岗前培训 1：供应链的基本理念和核心理念

供应链理念是一个综合性的概念，它涵盖了从原材料采购到最终产品交付给消费者的全过程，并强调通过企业间的协作和资源整合，实现供应链整体的最佳化。

1. 供应链的基本理念

（1）以顾客为中心，以市场需求的拉动为原动力

供应链的生产和流通模式以需求拉动，驱动力来源于最终顾客。产品是根据实际顾客需求生产的。这种运作模式能快速响应市场变化，迅速满足消费者需求，减少因产品过时而降价促销的风险，同时有利于减少库存，促进企业资金流转，并增加企业盈利。

（2）强调企业应专注于核心业务

企业资源有限，应集中资源在专长领域（即核心业务）上，建立核心竞争力。非核心业务以外包模式交给更专业的企业。通过业务外包，企业能够更有效地集中利用资源，强化核心业务，并通过企业间的合作增加业务弹性。

（3）各企业紧密合作，共担风险，共享利益

供应链上的企业视为一个整体，共同追求整体竞争力和经济效益。通过紧密合作减少各环节间的交易成本，提升供应链的长期竞争力和盈利能力。

（4）物流、信息流、资金流、工作流和组织流的集成

供应链上，物流、信息流、资金流、工作流和组织流的集成有助于设计出配合企业内外部环境和需要的流程，提高供应链的整体效率和响应速度。

（5）借助信息技术实现管理目标

供应链上的企业应利用先进的信息系统优化供应链的运作。信息系统使各环节更快地获得和处理信息，及时应对市场变化，实现供应链的实时反馈和高效运作。

（6）缩短产品完成时间，使生产尽量贴近实时需求

企业应减少从市场需求到产品交付的时间，实现按需生产，减少存货积压的风险，满足顾客对产品的快速交付需求，提高市场竞争力。

（7）降低采购、库存、运输等环节的成本

供应链通过企业间的紧密合作和流程优化减少各环节成本。在价格难以提升的市场上，成本的节省成为企业利润的重要来源。

（8）合作性竞争和延迟制造原则

供应链上的企业在竞争中寻求合作，共同提高整体竞争力。在供应链中延迟产品差异化过程，以更灵活地应对市场变化。

供应链的基本理念共同构成了现代供应链管理的基础框架，为企业提供了在复杂多变的市场环境中保持竞争力的关键路径。

2. 供应链的核心理念

（1）协同合作

供应链理念强调企业间的协同合作，要求企业通过信息共享、资源整合和流程优化，实现供应链的各环节的无缝对接和高效运作。

（2）客户需求导向

供应链管理的核心目标是满足最终用户的需求，因此供应链理念要求企业从客户需求出发，进行产品设计和生产，提高客户满意度。

（3）整体最优

供应链理念追求的是供应链整体的最佳化，而不是单个企业的利益最大化。强调通过优化供应链流程、降低成本、提高效率，实现供应链上所有企业的共赢。

供应链理念是一个以客户需求为导向、强调协同合作和整体最优的综合性概念。随着技术的不断进步和市场环境的不断变化，供应链理念也在不断演变和升级以适应新的挑战和机遇。

✣ 岗前培训 2：供应链理念的应用

1. 供应链理念的应用体现

供应链理念的应用体现在多个方面，这些应用旨在提高供应链的效率和响应能力，降低成本，提升客户满意度，并增强企业的整体竞争力。

（1）战略规划与协同合作

企业根据市场趋势和自身发展目标，制定明确的供应链战略，包括供应商选择、生产计划、物流布局等，以确保供应链的顺畅运行和可持续发展。供应链上的企业通过建立紧密的合作伙伴关系，实现信息共享、风险共担和利益共享。这种协同合作有助于企业快速响应市场变化，共同提升供应链的竞争力。

（2）流程优化与技术创新

企业通过对供应链各环节的流程进行梳理和优化，减少不必要的环节和浪费，提高整体运营效率。例如，采用精益生产、六西格玛等管理工具和方法，对生产过程进行持续改进。企业还可以运用信息技术和数字化手段，实现供应链的智能化和可视化。例如，利用物联网、大数据、云计算等技术，对供应链中的物流、信息流和资金流进行实时监控和管理，提高供应链的透明度和响应速度。

（3）成本控制与风险管理

企业通过优化采购、生产、物流等环节的成本结构，降低整体运营成本。例如，采用集中采购、JIT（Just-In-Time）生产、第三方物流等策略，减少库存积压和运输成本。建立全面的供应链风险管理体系，包括风险评估、预警、应对和监控等环节。通过制定应急预案、建立供应商备选库等措施，降低供应链中断的风险，保障企业的正常运营。

（4）客户服务与市场响应

企业应以客户需求为导向，提供高质量的产品和服务。通过建立完善的售后服务体系、加强客户沟通等方式，提高客户满意度和忠诚度。快速响应市场需求变化，及时调整生产计划和产品策略。通过市场调研、数据分析等手段，准确把握市场趋势和客户需求，为企业的决策提供有力支持。

（5）可持续发展与社会责任

企业推动供应链的绿色化、低碳化转型。通过采用环保材料、节能减排等措施，降低供应链对环境的影响，实现经济效益与社会效益的双赢。积极履行社会责任，关注员工福利、环境保护等社会问题。通过建立健全的社会责任管理体系、开展公益活动等方式，提升企业的社会形象和品牌价值。

供应链理念的应用涵盖了多个方面，这些应用有助于企业提升供应链的竞争力和可持续发展能力，为企业的长期发展奠定了坚实基础。

2. 供应链理念的应用行业和领域

供应链理念的应用广泛且深入，涉及多个行业和领域。

（1）企业运营优化

①成本降低与效率提升。

通过供应链优化，企业能够减少库存积压，降低库存成本。例如，采用 JIT 生产和配送系统，实现按需生产和配送，减少库存积压。

企业可以优化采购、生产和物流等环节，提高整体运营效率。利用先进的供应链管理系统，实现订单处理、生产计划、库存管理、物流配送等流程的自动化和智能化，减少人工错误和延误。

②风险管理。

供应链风险管理是供应链理念的重要应用之一。通过建立完善的风险预警和应对机制，企业可以及时发现并应对供应链中断、质量缺陷、运输延误等潜在风险，保障供应链的稳定性和可靠性。

（2）客户服务提升

①快速响应客户需求。

供应链理念强调以客户需求为导向，通过优化供应链流程，企业能够快速响应客户需求变化，提供定制化的产品和服务。例如，海尔集团通过建立现代物流体系，成功将从接到订单到产品送达客户的整个过程缩短至仅需 10 天时间，大大提高了客户满意度。

②售后服务支持。

企业通过完善的售后服务体系，可以及时处理客户反馈和投诉，提供维修、保养、备件供给等售后服务支持，增强客户黏性。

（3）行业特定应用

①零售业。

在零售业中，供应链理念的应用主要体现在商品采购、库存管理、物流配送等方面。通过供应链优化，零售商能够实现商品的快速周转和高效配送，提高销售速度和客户服务质量。例如，电商平台通过建立完善的供应链系统，实现了商品的全球采购、仓储和配送，为消费者提供了便捷的购物体验。

②制造业。

制造业是供应链理念的主要应用领域之一。通过供应链的实时监控和数据分析，制造商能够及时掌握原料采购、生产进度、产品质量等关键信息，提高生产效率和产品质量。同时，制造商还可以与供应商建立紧密的合作关系，实现协同研发和供应链整合，提高整体竞争力。

③医药行业。

在医药行业中，供应链理念的应用对于保障药品的有效供应和人民群众的生命安全至关重要。通过供应链系统实现药品采购、运输和配送等关键环节的协调和优化，可以降低通货膨胀带来的价格压力，确保药品的及时供应和质量安全。

供应链理念的应用具有广泛性和深入性，能够帮助企业降低成本、提高效率、提升客户服务质量并应对市场变化。在未来的发展中，随着技术的不断进步和市场环境的不断变化，供应链理念的应用将继续深化和拓展。

任务执行

步骤 1：以项目组为单位，通过网络搜索或查阅图书等方式查找供应链理念相关的图片、视频，归纳总结供应链基本理念和核心理念和应用，将结果填入表 6-3。

表 6-3　　供应链理念一览表

序号	名称	图片	视频链接	提炼小结	备注
1	供应链的基本理念				
2	供应链的核心理念				
3	供应链的理念应用				

步骤 2：各项目组制作关于供应链理念的 PPT 并上台分享。

任务评价

在完成上述任务后，教师组织三方评价，完成表 6-4 的填写（满分 10 分，评价标准明细项目分值由教师根据培养目标和学情分析自行确定），并对学生任务执行情况进行点评。

表 6-4　　任务评价表

班级		项目组名称				
组长		成员				
评价要素	评价标准	评价依据	个人（10%）	项目组（30%）	教师（60%）	权重
知识	（1）熟悉供应链的基本理念和核心理念。 （2）熟悉供应链理念的应用	表 6-3 填写情况				40%
能力	（1）识别供应链核心理念。 （2）表述供应链理念的应用	PPT 制作情况和上台分享情况				40%
素养	（1）遵守课堂管理规定。 （2）按时完成学习任务。 （3）有吃苦耐劳、团结协作的精神。 （4）服从管理，文明操作。 （5）有组织研讨的能力。 （6）学习积极主动、勤学好问	（1）考勤。 （2）课堂表现				20%

任务三　知悉供应链运营

任务描述

子任务1：学生以项目组为单位，通过网络搜索或查阅图书等方式结合学习内容了解供应链运营业务。

子任务2：根据查找到的资料归纳总结供应链运营技术及应用场景。

子任务3：每个项目组将所收集到的资料整理制作成汇报PPT，并推荐同学做分享汇报。

岗前培训

✣ 岗前培训1：供应链运营的基本概念

1. 定义与范围

供应链运营是指对整个供应链条上的活动进行计划、组织、协调和控制的一系列活动，供应链运营的目标是实现高效运作和持续优化。它涵盖了从原材料采购、生产加工、库存管理、物流与配送，到最终产品交付给消费者的全过程，以及这些过程中涉及的信息流、资金流和物流的管理。

2. 核心环节

（1）采购

采购是供应链的第一个核心环节，它涉及寻找、选择和购买原材料和零部件，以满足生产需求。一个有效的采购策略可以确保物料的及时供应和质量。

①采购品类策略管理。

企业可根据采购量和供应风险将供应商进行分类，并制定相应的品类策略。

②供应商管理。

企业通过供应商的寻源认证、辅导和绩效管理，可以确保与优质供应商建立长期稳定的合作关系，降低采购成本，提高供应链稳定性。

③商务管理。

商务管理涉及谈判、比价、竞标和招标等不同商务模式的管理，其目的是获得最佳的采购价格和条件。

（2）生产

生产是供应链的关键环节之一，它涉及将原材料和零部件转化为最终产品或服务。生产过程需要高效的生产设备、技术和流程，以确保产品的质量和交付的时效性。生产管理的核心在于有效管控、制造柔性和效率，确保生产计划的顺利执行和产能的最大化利用。

企业应根据市场需求和生产能力制订生产计划，确保生产高效有序进行。

（3）物流管理

物流管理是供应链运营中不可或缺的一环，它涉及产品从生产地点到销售地点或最终消费者的流动。物流管理负责产品的运输、仓储和配送，确保产品按时、按质、按量送达客户手中。物流管理包括物流规划、物流运输方式的选择、物流服务商的评估与管理，以及货物的运输、跟踪、配送、仓储、分销等环节，其核心在于实现物流和信息流的高效运行，以降低运输成本、减少库存水平并确保产品及时交付。此外，物流管理还需要关注仓储配送规划、路径规划、报关清关等环节，以提高物流效率和减少物流成本。

（4）库存管理

库存管理是供应链运营中的关键环节之一，它涉及对原材料、在制品和成品的库存进行合理的管理和控制。有效的库存管理可以减少库存成本、提高流动资金和降低风险。库存管理的核心在于制订合理的库存计划和补货策略，确保库存水平既能满足生产需求又能避免库存积压。

（5）客户服务

客户服务是供应链的最终环节，它涉及与客户的沟通、订单处理和售后服务。一个良好的客户服务可以提高客户满意度、增强品牌形象和促进重复购买。客户服务管理的核心在于及时响应客户需求、提供优质的售前咨询和售后服务，并建立完善的客户关系管理体系以维护客户忠诚度。

（6）计划与协同

供应链运营还需要关注计划与协同方面。这包括需求管理、供应策略制定和产销协同等环节。需求管理主要关注销售预测的管理和调整；供应策略制定则是对产品进行分级管理并设置相应的库存计划和补货策略；产销协同则强调通过模拟需求、确认供应能力瓶颈等方式来优化供应链流程并提高整体效率。

（7）质量管理与风险控制

企业应建立质量管理体系，确保产品质量符合标准要求；同时，制定风险管理策略，识别和评估供应链中的潜在风险，如供应中断、需求波动等，以便采取相应的应对措施。

供应链运营的核心环节包括采购、生产、物流管理、库存管理、客户服务、计划与协同及质量管理与风险控制等方面。这些环节相互关联、相互依存，共同构成了供应链运营的整体框架，并推动企业实现成本效益最大化、提高竞争力和满足客户需求的目标。

3. 目标与优势

供应链运营的目标与优势是企业在全球化竞争中取得成功的关键因素。

（1）供应链运营的目标

①成本最小化。

供应链运营通过优化采购、生产、库存和物流等环节，降低整体成本，提高企业的市场竞争力。这包括与供应商协商更优惠的价格、减少库存积压、优化物流路线等。

②效率提升。

提高供应链的运营效率可以加快产品从生产到交付的速度，提升企业的运营效率。企业可以通过流程再造、自动化和信息化手段，减少冗余环节，提高响应速度。

③客户满意度提高。

企业应确保产品和服务及时、准确地送达客户手中，提高客户满意度和忠诚度。通过提供高品质的产品、灵活的服务等来满足客户需求。

④风险管理。

企业应识别和管理潜在的供应链风险，如供应中断、价格波动等，通过建立多元化供应商策略、制订应急计划等措施来降低风险。

⑤可持续发展。

在供应链运营中，企业应注重环境保护和社会责任，实现可持续发展。通过绿色采购、节能减排和参与社会责任项目等措施来提升企业形象和品牌价值。

⑥创新与发展。

企业应引入新技术、新流程和新模式来推动供应链的创新和发展，通过技术创新和管理创新来提高供应链的整体效能和竞争力。

（2）供应链运营的优势

①成本节约。

供应链运营使企业可以更有效地控制成本，通过集中采购降低原材料成本，优化库存管理减少储存成本，以及物流优化降低运输成本。

②效率提升。

供应链运营显著提升了企业的运营效率。供应链运营模式下，生产和物流环节中不必要的步骤显著减少，响应速度显著提升。

③风险降低。

供应链运营在现代企业中扮演着至关重要的角色，特别是在风险管理和缓解方面。通过精细化的供应链管理，企业能够更加精准地识别潜在的供应链风险，并采取有效措施进行管理。

④客户满意度提高。

良好的供应链运营能够确保将产品和服务及时准确地送达客户手中，提高客户满意度。这种持续高质量的服务有助于建立稳定的客户关系并促进销售增长。

⑤竞争优势增强。

高效的供应链可以使企业在市场中更具竞争力。企业可以通过提供更低的价格、更高的产品质量和更好的服务来吸引和保留客户。

⑥市场适应性增强。

灵活的供应链能够快速适应市场变化。无论是面对需求波动还是新产品推出，企业都能迅速做出调整以满足市场需求。

⑦资源整合与协同。

供应链运营将供应商、制造商、分销商和零售商等所有节点企业联系在一起进行优化。通过资源整合和协同作业实现物流、信息流和资金流的合理流动，降低交易成本并提高企业整体效益。

供应链运营的目标在于实现成本最小化、效率提升、客户满意度提高、风险管理、可持续发展和创新与发展等；而其优势则体现在成本节约、效率提升、风险降低、客户满意度提高、竞争优势增强、市场适应性增强及资源整合与协同等方面。这些目标和优势共同构成了供应链运营的核心价值和竞争力。

4. 发展趋势

（1）数字化转型与智能化

①全面数字化转型。

随着云计算、大数据、人工智能等技术的快速发展，供应链将实现全面的数字化转型。这包括利用大数据进行需求预测、库存管理、物流优化等，以及利用人工智能进行智能决策、自动化执行等。

②智能供应链。

智能供应链将成为常态，通过智能合约、区块链等技术提升供应链的透明度和可追溯性，降低欺诈和错误，增强供应链的安全性和信任度。

（2）供应链协同与生态系统构建

①供应链协同。

供应链协同将变得日益重要，通过供应链内外部系统的有机协同来创造新价值和新优势。领先的企业将通过组织扁平化、流程再造、建立生态合作机制等方式，消除壁垒、构建信任，提升供应链协同效率。

②生态系统构建。

生态系统构建将成为供应链发展的重要方向。企业需要与其他行业进行更深入的融合，通过共同研发、共享资源、互相支持等方式，提高整个供应链的效率和竞争力。

（3）供应链韧性构建与风险管理

①韧性构建。

面对全球经济不确定性加剧、自然灾害和疫情等事件频发的情况，构建韧性供应链已成为企业共识。企业将通过多元化供应商体系、全球布局生产基地等方式，增强供应链的抗风险能力。

②风险管理。

企业将更加注重供应链风险管理，通过识别和评估内部和外部风险，制定缓解策略，并持续监控和更新计划，确保供应链的稳定性和可持续性。

（4）绿色供应链与可持续发展

①绿色供应链。

随着全球对环境保护和可持续发展的重视，绿色供应链将成为企业履行社会责任、实现可持续发展的必然选择。企业将推动供应链的绿色化和低碳化发展，通过优化物流网络、提升能源利用效率、推动循环经济等举措，实现供应链的可持续发展。

②可持续发展。

国际标准是实现可持续发展目标的关键因素和催化剂，因此，供应链标准的国际化将助力可持续发展。

（5）消费者需求驱动与个性化定制

①消费者需求驱动。

未来供应链将更加注重消费者需求的变化和个性化需求。企业需要具备预测、准备和快速响应的能力，以应对市场迅速变化的挑战。

②个性化定制。

通过利用大数据和人工智能技术，企业可以更好地理解消费者需求，实现定制化生产和精准营销。这不仅能提升客户满意度，还能增强企业的市场竞争力。

（6）技术驱动的创新与变革

①新兴技术应用。

区块链、物联网、人工智能等新兴技术在供应链领域得到了广泛的应用。这些技术提升了供应链的透明度、安全性和效率，推动了供应链的持续创新和发展。

②创新文化。

企业将加大对供应链技术的投入和培训力度，营造一个鼓励创新的氛围，鼓励员工分享创新想法和解决方案，以推动供应链的持续变革和升级。

供应链运营的发展呈现出多元化和复杂化的特点。企业需要紧跟变革步伐，加强数字化转型、供应链协同、韧性构建、绿色可持续发展及消费者需求驱动等方面的能力建设，以构建灵活、高效、可持续的供应链体系，适应不断变化的市场环境并提升竞争力。

✣ 岗前培训 2：供应链运营技术

供应链运营技术是一个广泛而复杂的领域，它涵盖了多个方面，旨在提高供应链的效率、透明度和响应速度。

1. 数字化技术

（1）数字化技术的特点

①数据整合与可视化。

数字化技术能够高效地整合供应链各环节产生的数据，并通过可视化工具呈现出来。这有助于管理者实时监测供应链活动，追踪产品、零部件和原材料的位置，以及了解市场需求和库存水平。数据整合与可视化提高了供应链的透明度和可视性，帮助企业更好地理解和优化供应链运作。

②自动化与智能化。

自动化机器人、自动仓储系统、自动驾驶车辆和智能制造设备等的应用，减少了人工干预，提高了生产和配送的效率。同时，人工智能和机器学习技术也被用于预测需求、优化库存管理和风险管理。供应链的自动化与智能化降低了成本，提高了响应速度，增强了供应链的灵活性和韧性。

③供应链协同。

数字化技术促进了供应链参与者之间的信息共享和协同合作。通过高级数据分析和决策支持系统，供应链上的各个环节可以更好地了解彼此的需求和状况，从而做出更明智的决策。数字化技术促进了供应链协同，减少了库存浪费和延误，提高了供应链的整体效率和客户满意度。

（2）常见的数字化技术

①物联网（IoT）技术。

物联网传感器广泛应用于监测供应链各个环节，涉及设备、原材料、库存和交通状况等。这些传感器能够实时获取数据，提高供应链的可见性和响应速度。通过物联网技术，企业可以更加精确地控制库存水平，优化物流路径，减少运输时间和成本。

②大数据技术。

大数据技术能够处理海量数据，提取有价值的信息，为供应链管理者提供决策支持。通过对历史数据的分析，企业可以预测未来趋势，制订更合理的库存策略和采购计划。

③云计算技术。

云计算技术提供了一个灵活的平台，用于存储和处理供应链数据。它允许多地点的协同工作，使不同供应链参与者能够实时共享信息。同时，云计算技术还提供了弹性计算能力，以适应不同需求的变化。

④区块链技术。

虽然区块链在供应链运营中的应用尚在探索阶段，但其凭借去中心化、不可篡改的特性可以为供应链各方提供透明、不可篡改的交易记录，增强供应链的透明度。通过区块链技术，供应链各方可以实时查看交易数据，减少欺诈和错误，增强彼此之间的信任。

数字化技术在供应链运营中扮演着至关重要的角色。通过应用这些技术，企业可以提高供应链的透明度、效率和灵活性，降低成本和风险，从而在激烈的市场竞争中脱颖而出。

2. 自动化技术

（1）自动化生产技术

自动化技术可以使机器或设备自动完成产品的全部或部分生产过程，提高劳动生产率。企业利用机器人、自动化生产线等设备，可以实现生产过程的自动化和智能化。通过机器视觉、传感器等技术，可以对生产过程进行实时监控和质量控制。

（2）自动化仓储技术

企业采用自动化立体仓库系统（AS/RS）、AGV、自动堆垛机等设备，实现货物的自动存取、搬运和堆垛。自动化设备和机器人可用于货物的储存、检索和分拣，可以提高仓储效率和准确性。

（3）自动化包装和装载技术

企业可通过自动化包装和装载技术，提高包装和装载的效率和准确性。

（4）自动化运输技术

企业可通过自动化运输技术，优化运输路线和调度，提高运输效率和安全性。无人运输车、无人运输机等能够在特定场景下实现货物的自动化运输。

（5）自动化配送技术

企业可利用机器视觉、条码识别等技术，对货物进行快速、准确的分拣和归类；利用自动化设备和智能化系统，对货物进行自动化的配送和交付。

（6）智能订单处理技术

智能订单处理技术可实现客户订单的自动化处理，涉及订单接收、确认、处理和跟踪等，减少人工干预，提高订单处理速度和准确性。

在供应链运营中，自动化技术是一个关键性的推动力量，它显著提高了供应链的效率和准确性，降低了人力成本，并增强了供应链的灵活性和响应速度。自动化技术是供应链运营中不可或缺的一部分。随着技术的不断进步和应用场景的扩展，自动化技术在供应链运营中的应用前景将更加广阔。

3. 协同与集成技术

供应链运营中的协同与集成技术是指促进供应链上各成员、各环节之间的紧密合作与信息共享，以实现供应链的整体优化和高效运作的一系列技术手段和方法。这些技术对提升供应链的灵活性、响应速度、降低成本和提高客户满意度等具有重要作用。

（1）供应链协同平台

企业可建立供应链协同平台，促进供应链上下游企业之间的信息共享和协作，实现供应链的透明化和协同管理。

供应链协同平台还能为各参与方提供沟通渠道，加强供应链上各个环节之间的沟通，提高沟通和协作的效率，实现信息实时更新。

供应链协同平台具有如下特点。

①优化供应链流程，减少冗余环节，降低成本并提高运作效率。

②优化运输路径，降低运输成本，提高运输效率。

③利用大数据技术进行库存管理，实时监控库存状态，避免过度库存或缺货情况的发生，预测需求变化，及时调整生产计划和采购策略。

④引入物联网技术进行物流跟踪，实现货物的实时追踪和定位，提高物流运作的透明

度和协同性，及时掌握物流信息，优化物流调度和配送计划。

（2）多系统集成

多系统集成指将 ERP、WMS、TMS（运输管理系统）等不同系统的数据集成在一个平台上，消除信息孤岛，实现数据的集中管理和共享。

（3）协同集成的范围

①企业内协同。

企业内的各个相关部门在共同目标的指引下相互协作，减少沟通障碍，打破部门墙，实现跨部门、跨体系的协同。

②企业间协同。

供应链上下游的企业间共享重要信息，包括需求量、订单情况、库存情况、生产能力、销售数据等。上下游企业根据这些重点信息规划自己的生产、订单、销售、库存等的管理，避免各自为战。

供应链运营中的协同集成技术是一个综合性的技术体系，它涵盖了物联网、大数据、云计算和人工智能等多种先进技术。通过应用这些技术，可以实现供应链上各成员、各环节之间的紧密合作与信息共享，从而提升供应链的整体效率和竞争力。

4. 先进的信息技术系统

（1）ERP 系统

ERP 系统支持供应链各环节的信息集成和业务流程自动化，提高供应链的运营效率。

（2）SCM 系统

SCM 系统专注于供应链的优化和管理，提供全面的供应链解决方案，支持企业的战略决策。

5. 新兴技术趋势

（1）复合人工智能

复合人工智能指整合多种 AI 技术，提高供应链的智能化水平，增强供应链的决策能力和应对能力。

（2）网络勒索防护

随着网络犯罪的增加，供应链企业需要加强网络安全防护，防止勒索软件等的攻击对供应链造成破坏。

（3）端到端可持续供应链

企业应推动供应链的绿色化、低碳化转型，关注环境保护和社会责任，实现经济效益与社会效益的双赢。

供应链运营技术是一个不断发展的领域，涵盖了数字化、自动化、协同与集成及先进的信息技术系统等多个方面。通过应用这些技术，企业可以显著提高供应链的运营效率、透明度和响应速度，从而在激烈的市场竞争中脱颖而出。

✣ 岗前培训 3：供应链运营的业务流程与应用场景

1. 供应链运营的业务流程

供应链运营的业务流程是一个复杂而精细的过程，它涵盖了从原材料采购到最终产品交付给消费者的各个环节。

（1）计划阶段

在计划阶段，企业通过对历史销售数据、市场趋势和客户需求进行分析，预测未来的产品需求量和时间，以便制订相应的计划。

制订的计划包括需求计划、生产计划、库存计划、采购计划等。这些计划旨在确保供应链能够满足市场需求，同时优化资源利用和成本控制。

①需求计划。

企业应根据市场预测和客户订单，制订需求计划。

②生产计划。

企业应根据需求计划和库存情况，制订生产计划和生产排程，安排生产任务和生产进度。

③库存计划。

企业应根据库存水平和补货策略制订库存计划，确保库存满足客户需求，同时避免库存积压或缺货现象。

④采购计划。

企业应制订采购计划以确定采购策略、供应商选择、采购周期和采购量等，从而保证供应链的连续性和稳定性。

（2）采购阶段

①供应商选择。

企业应通过市场调查和评估，选择合适的供应商以建立合作关系。

②询价与谈判。

企业应向供应商询价，比较价格、质量和服务，进行谈判并签订采购合同。

③订单下达与跟踪。

企业应根据采购计划向供应商下达采购订单，并跟踪订单执行情况，确保订单按时交付。

④验收入库。

企业应对到货的产品进行验收，确保产品质量符合标准。

（3）生产阶段

①原材料准备。

企业应根据生产计划，准备所需的原材料和零部件。

②生产过程控制。

企业应对生产过程进行监控和管理，确保生产质量和效率。这包括生产调度、生产执行、质量控制等环节。

③成品入库。

生产完成后，企业应对成品进行质量检验并安排入库。

（4）配送阶段

①订单处理。

企业接收客户订单，进行订单确认和处理。

②拣货与包装。

企业根据订单需求，从库存中拣选商品并进行包装。

③配送安排。

企业制订配送计划和时间表，安排运输车辆和路线。

④发货与跟踪。

企业将商品发给客户，并跟踪运输过程，确保按时到达。

（5）退货与售后服务阶段

①退货处理。

处理客户退回的商品包括接收、验收、处理退款或换货等环节。

②售后服务。

企业应提供产品维修、保养和技术支持等售后服务，提高客户满意度和忠诚度。

（6）持续优化与改进

①数据分析。

企业应收集供应链各环节的数据，进行分析和挖掘，发现潜在问题和改进机会。

②流程优化。

企业应根据数据分析结果，对供应链流程进行优化和改进，提高运营效率和客户满意度。

（7）风险管理

企业应识别和评估供应链中的潜在风险，制定应对措施和预案，确保供应链的稳定性和可靠性。

供应链运营的业务流程是一个涉及多个环节和部门的复杂过程，需要各环节的紧密协作和持续优化。通过有效的计划、采购、生产、配送和退货处理等环节的管理，企业可以确保供应链的高效运作和客户满意度的提升。

2. 供应链运营的应用场景

（1）零售业

在零售业中，供应链运营的应用主要涉及商品采购、库存管理、供应商管理和物流配送等方面。通过建立高效的供应链运营模式，零售商可以实现货源的稳定供应，提高库存周转率，降低经营成本，并且能够及时准确地配送商品给终端消费者。这种高效的运营模式有助于提升顾客满意度和忠诚度，进而增强企业的市场竞争力。

（2）制造业

制造业是供应链运营的重要应用领域。在生产过程中，供应链运营涉及原材料采购、生产计划、生产流程管理和成品配送等多个环节。通过优化供应链运营模式，制造商可以实现原材料的及时供应，提高生产效率，降低生产成本，缩短产品交付周期，从而满足市场需求。这种优化不仅有助于提升产品质量和竞争力，还能增强企业的市场响应速度和灵活性。

（3）物流行业

物流行业是供应链运营的基本组成部分。物流企业通过供应链运营优化货物的流动路径和运输方式，提高货物运输效率，降低物流成本，提供更好的物流服务。这包括建立高效的仓储系统、优化运输网络、提升配送能力等。高效的供应链运营有助于提升客户满意度和降低企业运营成本，进而增强企业的市场竞争力。

（4）餐饮业

在餐饮业中，供应链运营的应用主要涉及食材采购、供应商管理和菜品配送等方面。通过建立稳定的供应链运营模式，餐饮企业可以确保食材的质量和新鲜度，提高供应链的可追溯性，降低采购成本，并且能够及时准确地为消费者提供美食。这种稳定的供应链模式有助于提升餐饮企业的品牌形象和顾客满意度，进而促进企业的长期发展。

（5）电子商务

电子商务平台是供应链运营的典型应用场景。在电商领域，供应链运营涉及商品采购、仓储管理、订单处理和配送管理等环节。通过建立高效的供应链运营模式，电商平台可以实现快速响应客户需求，提供及时的订单处理和配送服务，优化库存管理和仓储运营，提高用户满意度。这种高效的运营模式有助于提升电商平台的用户体验和市场竞争力。

（6）其他应用场景

除了上述行业外，供应链运营还广泛应用于其他多个领域。例如，在药品和医疗设备领域中，供应链运营可以确保药品和医疗设备的质量和安全性，提供及时的供应服务，配合医疗机构的需求，提高医疗行业的效率和品质。在农业领域，供应链运营可以优化农产品的生产流程和市场销售等环节，确保产品质量，降低运输成本，提供更好的农产品供应服务。在航空领域，供应链运营涉及航空燃油采购、备件管理、航空器维修和空中物流等方面，确保航空公司的运营顺畅和高效。

供应链运营的应用场景广泛且多样，对于不同行业和领域的企业来说都具有重要的价值和意义。通过优化供应链运营模式，企业可以提升运营效率、降低成本、提高市场竞争力。

任务执行

步骤 1：以项目组为单位，通过网络搜索或查阅图书等方式查找供应链运营的图片、视频，归纳总结供应链运营的基本概念、技术、业务流程和应用场景，将结果填入表6-5。

表 6-5　　供应链运营一览表

序号	名称	图片	视频链接	提炼小结	备注
1	供应链运营的基本概念				
2	供应链运营技术				
3	供应链运营的业务流程				
4	供应链运营的应用场景				

步骤 2：各项目组制作关于供应链运营的 PPT 并上台分享。

任务评价

在完成上述任务后，教师组织三方评价，完成表 6-6 的填写（满分 10 分，评价标准明细项目分值由教师根据培养目标和学情分析自行确定），并对学生任务执行情况进行点评。

表 6-6　　任务评价表

班级		项目组名称				
组长		成员				
评价要素	评价标准	评价依据	个人（10%）	项目组（30%）	教师（60%）	权重
知识	（1）熟悉供应链运营的基本概念和技术。 （2）熟悉供应链运营的业务流程和应用场景	表 6-5 填写情况				40%

续表

评价要素	评价标准	评价依据	个人（10%）	项目组（30%）	教师（60%）	权重
能力	（1）识别供应链运营技术。 （2）表述供应链运营的业务流程。 （3）表述供应链运营的应用领域	PPT 制作情况和上台分享情况				40%
素养	（1）遵守课堂管理规定。 （2）按时完成学习任务。 （3）有吃苦耐劳、团结协作的精神。 （4）服从管理，文明操作。 （5）有组织研讨的能力。 （6）学习积极主动、勤学好问	（1）考勤。 （2）课堂表现				20%

07

PROJ

项目七 智慧物流与供应链运营

◎知识目标

- 了解智慧物流与供应链运营的关系。
- 了解智慧物流与供应链运营融合的关键技术。
- 熟悉智慧物流与供应链运营融合的应用场景。
- 了解智慧物流与供应链运营融合的未来发展趋势。
- 了解新技术对智慧物流与供应链运营融合的影响。

◎能力目标

- 能够识别常见的智慧物流与供应链运营融合设备。
- 具备创新思维。
- 能够团队协作。

◎思政目标

- 增强环保意识。
- 强化社会责任感。
- 树立职业道德，培养职业精神。

知识图谱

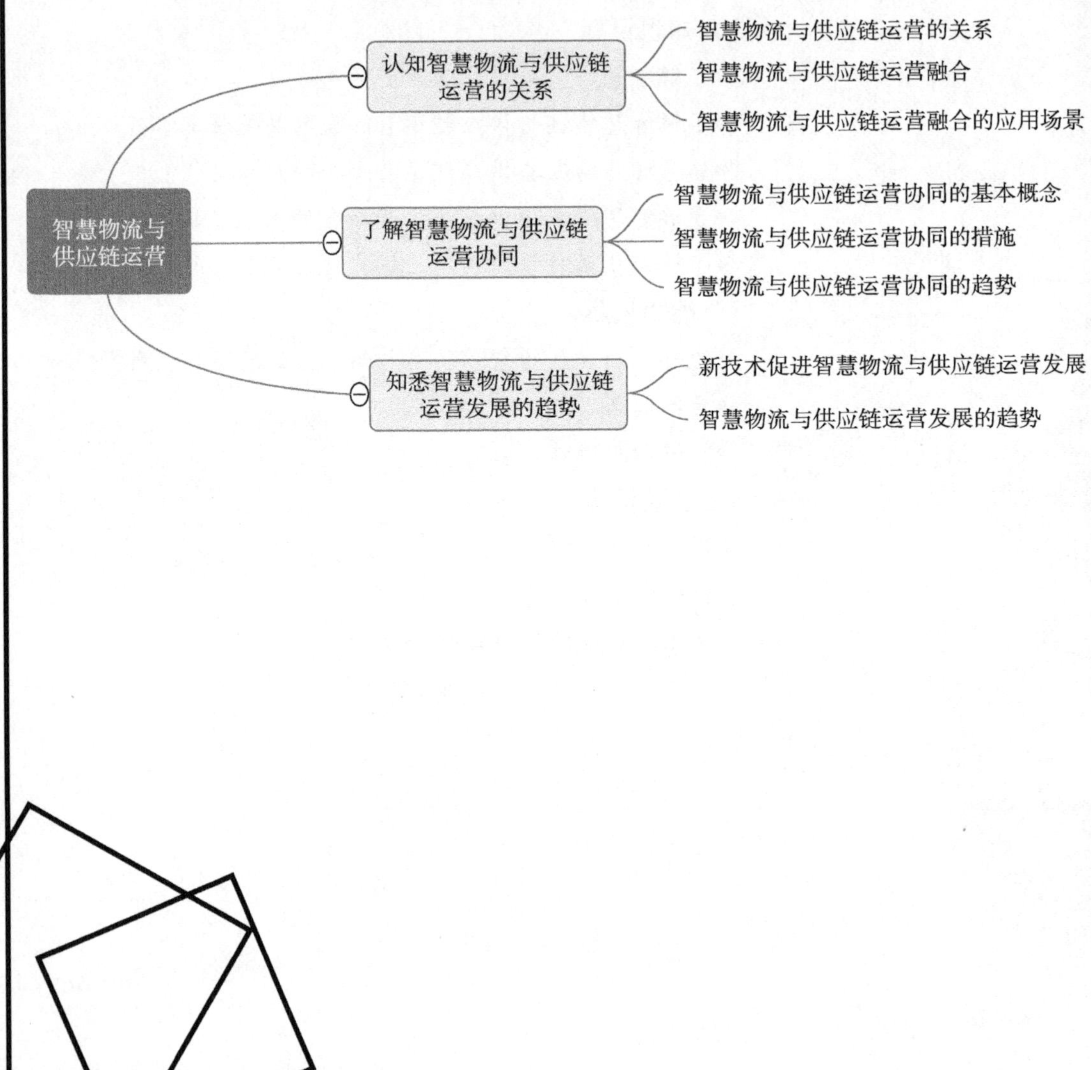

智慧物流与供应链运营
认知智慧物流与供应链运营的关系
智慧物流与供应链运营的关系
智慧物流与供应链运营融合
智慧物流与供应链运营融合的应用场景
了解智慧物流与供应链运营协同
智慧物流与供应链运营协同的基本概念
智慧物流与供应链运营协同的措施
智慧物流与供应链运营协同的趋势
知悉智慧物流与供应链运营发展的趋势
新技术促进智慧物流与供应链运营发展
智慧物流与供应链运营发展的趋势

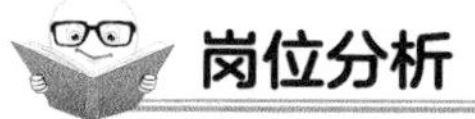

岗位分析

岗位：供应链协同专员

- **岗位职责：** 负责智慧物流与供应链各环节之间的协同工作，包括供应商管理、生产计划协调、库存控制等。
- **典型工作任务：** 供应商管理协同、生产计划协同、库存控制协同。
- **职业素质：** 具有沟通意识、协作意识、服务意识、安全意识、法规意识。
- **职业能力：** 具备较强的智慧物流与供应链协同技能及经验，具有较强的沟通能力，有一定的技术素养，持续学习的能力及灵活应变的能力。
- **可持续发展能力：** 持续学习的能力与抗压能力。

项目导读

随着全球化和信息技术的飞速发展，智慧物流与供应链运营已成为推动产业升级和经济发展的重要力量。通过应用物联网、大数据、云计算、人工智能等先进技术，智慧物流与供应链运营实现了物流过程的智能化、高效化和可视化，为企业提供了更精准、更快速、更灵活的供应链解决方案。它融合了现代信息技术、管理科学等多个领域的知识与技术，旨在提升供应链的智能化水平，实现物流过程的高效、精准和协同。

1. 定义

智慧物流与供应链运营指利用物联网、大数据、云计算、人工智能等现代信息技术手段，对物流过程和供应链管理的各个环节进行智能化改造和升级，以实现物流作业的自动化、智能化和高效化，同时提升供应链的整体协同能力和响应速度。

2. 核心要素

（1）自动化作业

企业通过自动化设备（如 AGV、无人仓等）实现物流作业的无人化或少人化，降低人力成本，提高作业效率。

（2）数字化管理

企业建立数字化的物流信息系统，实现物流数据的实时采集、处理和分析，为物流决策提供数据支持。

（3）智能化决策

企业运用人工智能技术，对物流过程进行智能化预测和调度，提高决策的精准度和效率。

（4）协同化运作

企业加强与供应链上下游企业之间的协同合作，实现信息共享、资源整合和协同作战，提升供应链的整体效能。

3. 运营模式

（1）智能化采购与库存管理

企业通过大数据分析和预测技术，精准预测市场需求，实现按需采购和库存管理，减少库存积压和资金占用。

（2）自动化仓储与分拣

企业利用自动化设备和机器人等，实现仓储作业的自动化和高效化。

（3）智能调度与配送

企业运用人工智能算法和物联网技术，实现运输车辆的智能调度和配送路线的优化。例如，利用无人车、无人机等智能配送设备配送货物。

（4）可视化监控与追踪

企业通过物联网技术和云计算平台，可以实现物流过程的可视化监控和货物追踪。客户可以随时查看货物的运输状态和位置信息。

（5）供应链协同管理

企业与供应链上下游企业之间信息共享和协同合作，实现了供应链的协同管理和资源优化配置。

智慧物流与供应链运营是推动物流行业转型升级和高质量发展的重要手段之一。通过加强技术创新、优化应用场景和提升协同能力等措施，可以推动智慧物流与供应链运营的快速发展和广泛应用。智慧物流与供应链运营是一个复杂而高效的系统，它融合了现代信息技术、管理科学等多个领域的知识与技术。企业可通过智能化、自动化、协同化等手段提升供应链的智能化水平，实现物流过程的高效、精准和协同。未来，随着技术的不断进步和应用场景的不断扩展，智慧物流与供应链运营将为企业创造更大的价值和社会效益。

任务一　认知智慧物流与供应链运营的关系

任务描述

子任务 1：学生以项目组为单位，通过网络搜索或查阅图书等方式结合学习内容识别智慧物流与供应链运营的关系。

子任务 2：根据查找到的资料归纳总结智慧物流与供应链运营融合的关键技术。

子任务 3：每个项目组将所收集到的资料整理制作成汇报 PPT，并推荐同学做分享汇报。

岗前培训

✣ 岗前培训 1：智慧物流与供应链运营的关系

智慧物流与供应链运营之间存在着紧密而复杂的关系，它们相互促进、相互依赖，共同推动着物流行业的转型升级和高效发展。

1. 智慧物流对供应链运营的推动作用

（1）技术支撑

智慧物流技术为供应链运营提供了强大的技术支撑。通过物联网技术，可以实时监控货物的位置和状态；通过大数据技术，可以分析供应链中的数据，预测需求变化；通过人工智能技术，可以实现自动化的决策和优化。

（2）优化资源配置

智慧物流能够根据实时数据和算法，对物流资源进行智能调度和优化配置。例如，智能调度系统可以根据交通状况、车辆位置和货物需求等信息，自动规划最优的运输路线和配送计划，降低了运输成本和空驶率。

（3）增强供应链协同

智慧物流通过信息共享和协同平台，加强了供应链上下游企业之间的沟通和协作。企业可以实时了解供应链各环节的情况，共同应对市场变化和风险挑战，提高了供应链的灵活性和韧性。

（4）信息共享

智慧物流促进了供应链中各环节之间的信息共享。传统的供应链中，信息孤岛现象严重，导致协同效率低下。而智慧物流通过构建信息共享平台，实现了供应链上下游企业之间的无缝对接，提高了供应链的透明度和协同效率。

（5）流程优化

智慧物流的应用有助于优化供应链流程。通过对物流数据的分析和挖掘，企业可以发现供应链中的瓶颈和浪费环节，从而进行针对性的改进和优化。同时，智慧物流还可以实现供应链的智能化调度和资源配置，提高供应链的响应速度和灵活性。

（6）成本降低

智慧物流通过提高物流效率和减少浪费，有助于降低供应链的整体成本。例如，通过优化运输路线和减少空驶率，可以降低运输成本；通过精准的库存管理和预测分析，可以减少库存积压和缺货风险，从而降低库存成本。

（7）提高运营效率

智慧物流通过物联网、大数据、云计算等技术手段，实现了对物流过程的实时监控、数据分析和智能决策，从而提高了物流作业的效率和准确性。例如，智能仓储系统可以自动完成货物的入库、储存、分拣和出库等操作，减少了人工干预和错误率。

（8）服务提升

智慧物流还能提升供应链的服务水平。通过提供实时的物流跟踪和查询服务，可以增强客户对供应链的信任度和满意度。同时，智慧物流还可以根据客户需求提供个性化的物流解决方案，提高供应链的定制化服务能力。

2. 供应链运营对智慧物流的促进作用

（1）需求驱动技术创新

供应链运营中遇到的实际问题和需求是推动智慧物流技术创新的重要动力。例如，为了提高供应链的透明度和可追溯性，企业需要引入物联网技术和区块链技术等新兴技术来改进物流过程。

（2）提供应用场景

供应链运营为智慧物流提供了丰富的应用场景和测试环境。企业可以在实际运营中验证智慧物流技术的可行性和效果，不断优化和完善技术方案。

（3）促进产业升级

供应链运营的优化和升级，需要智慧物流技术的支撑和推动。随着供应链的不断发展和完善，智慧物流技术也将不断迭代和升级，推动物流行业的整体进步和发展。

3. 智慧物流与供应链运营的协同发展

（1）融合创新

智慧物流与供应链运营需要相互融合、相互创新。企业需要在实践中不断探索和尝试新的技术和管理模式，以实现物流过程的智能化、高效化和协同化。

（2）共建生态

智慧物流与供应链运营需要共建一个开放、协同、共赢的生态系统。企业通过加强产业链上下游企业之间的合作和共享，实现资源的优化配置和价值的最大化。

（3）可持续发展

智慧物流与供应链运营需要注重可持续发展。企业通过推广绿色物流、节能减排等措施，降低物流过程对环境的影响，实现经济效益和社会效益的双赢。

智慧物流与供应链运营之间存在着密不可分的关系。它们相互促进、相互依赖，共同推动着物流行业的转型升级和高效发展。未来，随着技术的不断进步和应用场景的扩展，智慧物流与供应链运营的关系将更加紧密和深入。

✣ 岗前培训 2：智慧物流与供应链运营融合

智慧物流与供应链运营的融合是当前供应链管理的重要趋势，这种融合通过引入先进的信息技术和智能化手段，实现了供应链的高效协同和优化。

1. 融合的背景与意义

随着全球经济的快速发展和市场竞争的加剧，企业面临着越来越大的供应链管理挑战。传统的供应链管理模式已经难以满足现代企业对于效率、成本、质量和服务等方面的要求。因此，智慧物流与供应链运营的融合成为企业提升竞争力的必然选择。这种融合不仅有助于实现供应链的可视化、透明化和智能化，还能够提高供应链的响应速度和灵活性，降低运营成本，提升客户满意度。

智慧物流与供应链运营的融合是当前物流行业发展的重要趋势，它通过将先进的信息技术和智能化系统应用于供应链的各个环节，实现物流作业的自动化、智能化和高效化，从而提升供应链的整体效能和竞争力。

2. 融合的关键技术

（1）物联网技术

通过物联网技术，企业可以实时追踪物品的状态、位置等信息，实现供应链的透明化管理。同时，物联网技术还可以帮助企业优化运输和仓储等环节的资源配置，提高物流效率。

（2）大数据技术

大数据技术可以对供应链中产生的海量数据进行深度挖掘和分析，提取有价值的信息。企业可以利用这些信息来预测市场需求、优化库存管理、提高响应速度等，从而实现供应链的智能化决策。

（3）人工智能技术

人工智能技术可以对供应链数据进行智能分析，提供智能化的决策支持。例如，人工智能技术可以用于预测销售、库存和优化物流路径等，帮助企业实现供应链的自动化和智能化管理。

（4）区块链技术

区块链技术可以保证供应链数据的透明度和可追溯性，提高供应链的安全性。通过区块链技术，企业可以确保供应链数据的真实性和完整性，防止欺诈和伪造等行为的发生。

（5）云计算技术

云计算技术为智慧供应链提供了强大的计算和存储能力，满足海量数据处理的需求。通过云计算平台，企业可以实现供应链的快速响应和高效协同。

3. 融合的具体表现

（1）供应链可视化

通过物联网和大数据技术，企业可以实时掌握供应链上各个环节的运作情况，实现供应链的可视化管理。这有助于企业及时发现和解决问题，提高供应链的透明度和可控性。

（2）智能决策支持

人工智能技术的应用使企业能够基于大数据分析结果进行智能决策。例如，通过 AI 算法预测市场需求和库存变化，企业可以更加精准地制订采购和生产计划，降低库存成本和缺货风险。

（3）协同优化

智慧物流与供应链运营的融合促进了供应链上各环节的协同优化。通过信息共享和智能调度等手段，企业可以实现供应链各环节的紧密配合和高效运作，提高供应链的整体效率。

（4）服务创新

智慧物流的发展推动了供应链服务模式的创新。企业可以根据客户需求提供个性化的物流解决方案和增值服务，提高客户满意度和忠诚度。

4. 融合的实践案例

（1）亚马逊智能物流体系

亚马逊通过引入智能机器人、自动化分拣系统和无人机等先进设备，构建了高效的智能物流体系。这些设备的应用不仅提高了物流作业的效率和准确性，还降低了人力成本和运营成本。亚马逊还通过大数据技术和人工智能技术，对供应链进行智能化预测和调度，实现了供应链的精准管理和优化。

（2）京东物流无人仓

京东物流无人仓采用了先进的物联网、大数据和人工智能技术，实现了仓储作业的自动化和智能化。在无人仓中，机器人、自动化分拣系统和智能调度系统等设备协同工作，共同完成了货物的入库、储存、分拣和出库等操作。这种高度自动化的仓储模式不仅提高了仓库的运营效率，还降低了人为错误和货物损坏的风险。

5. 融合的挑战与对策

尽管智慧物流与供应链运营的融合带来了诸多优势，但也面临着一些挑战。例如，信息安全和隐私保护问题、技术标准和规范的统一问题、供应链上各环节的协同问题等。为了应对这些挑战，企业需要加强信息安全和隐私保护意识，建立完善的技术标准和规范体系，加强供应链上各环节的沟通与协作等。

6. 融合的未来展望

随着技术的不断进步和应用场景的扩展，智慧物流与供应链运营的融合将更加深入和广泛。

（1）技术融合创新

物联网、大数据、云计算和人工智能等技术的不断融合和创新，将为智慧物流提供更加先进和高效的技术支持。这些技术将不断推动物流行业的转型升级和高质量发展。

（2）应用场景扩展

随着智慧物流技术的不断成熟和应用场景的扩展，我们将看到更多领域开始应用智慧物流技术。例如，在冷链物流、跨境电商等领域，智慧物流将发挥更加重要的作用。

（3）可持续发展

智慧物流将更加注重可持续发展，通过推广绿色物流、节能减排等措施，降低物流过程对环境的影响，实现经济效益和社会效益的双赢。同时，智慧物流还将通过优化运输和减少浪费等方式，助力供应链实现可持续发展目标。

智慧物流与供应链运营的融合是当前供应链管理的重要趋势。通过引入先进的信息技术和智能化手段，企业可以实现供应链的高效协同和优化管理，提升竞争力并应对市场挑战。

✣ 岗前培训 3：智慧物流与供应链运营融合的应用场景

智慧物流与供应链运营融合的应用场景广泛，涵盖了从原材料采购到最终产品交付给消费者的全过程，涵盖了物流作业的多个关键环节，旨在通过技术手段实现物流过程的自动化、智能化和高效化。

1. 智慧仓储与库存管理

（1）自动化仓储

企业可利用自动化立体仓库、智能分拣系统、无人搬运车等设备，实现货物的自动入库、储存、分拣和出库。这些设备通过物联网技术实现实时互联，确保库存数据的准确性和实时性。

（2）智能库存管理

企业可借助大数据和人工智能技术，对库存数据进行深度分析，预测库存需求变化，优化库存结构，减少库存积压和浪费。同时，通过智能预警系统，及时发现库存异常，提高库存周转率。

（3）库存优化

企业可通过大数据技术，预测库存需求，优化库存结构，减少库存积压和缺货风险，降低库存成本。

（4）库存可视化

企业可利用物联网技术，实时监控库存状态，实现库存的可视化管理，提高库存管理的透明度和灵活性。

2. 智慧运输与配送

（1）智能调度

企业可利用智能调度系统，根据实时交通、天气、车辆状态等信息，动态调整运输路线和配送计划，降低运输成本和空驶率。同时，通过算法优化，提高车辆装载率和运输效率。

（2）无人驾驶配送

在特定区域或场景下，企业可采用无人驾驶货车或无人机进行配送，减少人力成本，提高配送效率和安全性。无人驾驶配送车辆通过5G、物联网等技术实现实时通信和精准定位，确保配送的准确性和及时性。

（3）路线优化

企业可利用人工智能算法，分析运输数据，优化运输路线，减少运输时间和成本。通过物联网技术，实时跟踪运输车辆和货物的位置、状态等信息，提高运输的透明度和可控性。根据实时交通信息和客户需求，动态调整配送路线，提高配送效率。

（4）“最后一公里”配送

企业可利用无人机、无人车等智能配送设备，实现货物的快速、准确配送，特别是在偏远地区或交通不便的地方。

（5）运输、配送状态跟踪

客户可以通过手机App等渠道，实时查询运输、配送状态和预计送达时间，提高客户满意度。

3. 供应链可视化与协同

（1）供应链可视化

供应链信息平台可以实现供应链各环节数据的实时共享和可视化展示。企业可以实时了解供应链状态，包括库存情况、运输进度、订单状态等，供应链信息平台可以提高供应链的透明度和协同能力。

（2）协同作业

供应链协同平台可以加强供应链上下游企业之间的沟通和协作。企业可以实时共享信息，共同应对市场变化和风险挑战，供应链协同平台可以提高供应链的灵活性和韧性。同时，协同作业还可以优化资源配置，提高整体运营效率。

（3）信息共享

供应链信息共享平台可以实现供应链上下游企业之间的信息互通和共享，提高供应链的协同效率。

（4）协同决策

基于大数据分析，供应链各方可以共同制订采购计划、生产计划、销售计划等，实现供应链的协同决策和优化。

（5）风险预警

企业可以实时监控供应链各环节的数据，及时发现潜在的风险和问题，并采取相应的措施进行应对。

4. 跨境物流

（1）大数据分析

企业可利用大数据技术，对全球贸易数据和市场信息进行深度挖掘，把握市场需求和发展趋势。同时，通过风险评估和预测分析，提供合适的物流方案和跨境贸易服务。

（2）自动化通关

企业可以通过物联网、人工智能等技术实现海关通关的自动化和智能化，实时了解通关进度和状态，提高通关效率，降低通关成本和风险。

5. 冷链物流

（1）温度监控

企业可以利用物联网传感器对冷链物流过程中的温度进行实时监控和预警，确保食品、药品等在运输和储存过程中的安全。

（2）智能调度与优化

企业可以通过大数据和人工智能技术，对冷链物流的运输路线和配送计划进行优化调度，减少产品损耗和浪费，提高冷链物流的效率和可靠性。

6. 智慧物流园区

（1）综合管理平台

智慧物流园区建立智慧物流园区综合管理平台，实现园区内物流资源的集中管理和调度。通过物联网、大数据等技术手段，对园区内的人、车、货进行实时监控和管理，提高园区的运营效率和管理水平。

（2）绿色物流

智慧物流园区推广绿色物流理念和技术手段，在智慧物流园区内实施节能减排、资源循环利用等措施，降低物流过程对环境的影响，实现经济效益和社会效益的双赢。

7. 供应链金融

（1）融资服务

供应链金融利用区块链等技术，实现供应链上企业的信用评估和融资服务，缓解中小企业融资难的问题。

（2）资金流转

供应链金融通过智能合约等技术手段，实现供应链上资金的快速流转和结算，提高资金利用效率。

这些应用场景共同构成了智慧物流与供应链运营融合的生态系统，推动了供应链管理的智能化、高效化和协同化。随着技术的不断进步和应用场景的不断扩展，智慧物流与供应链运营的融合将为企业带来更多的机遇和挑战。

任务执行

步骤 1：以项目组为单位，通过网络搜索或查阅图书等方式查找智慧物流与供应链运营关系的图片、视频等，归纳总结相关知识，将结果填入表 7-1。

表 7-1　智慧物流与供应链运营关系一览表

序号	名称	图片	视频链接	提炼小结	备注
1	智慧物流与供应链运营的关系				
2	智慧物流与供应链运营融合				
3	智慧物流与供应链运营融合的应用场景				

步骤 2：各项目组制作关于智慧物流与供应链运营关系的 PPT 并上台分享。

任务评价

在完成上述任务后，教师组织三方评价，完成表 7-2 的填写（满分 10 分，评价标准明细项目分值由教师根据培养目标和学情分析自行确定），并对学生任务执行情况进行点评。

表 7-2　任务评价表

班级		项目组名称				
组长		成员				
评价要素	评价标准	评价依据	个人（10%）	项目组（30%）	教师（60%）	权重
知识	（1）熟悉智慧物流与供应链运营的关系。 （2）熟悉智慧物流与供应链运营融合及应用场景	表 7-1 填写情况				40%
能力	（1）识别智慧物流与供应链运营融合。 （2）表述智慧物流与供应链运营融合的应用场景	PPT 制作情况和上台分享情况				40%
素养	（1）遵守课堂管理规定。 （2）按时完成学习任务。 （3）有吃苦耐劳、团结协作的精神。 （4）服从管理，文明操作。 （5）有组织研讨的能力。 （6）学习积极主动、勤学好问	（1）考勤。 （2）课堂表现				20%

任务二　了解智慧物流与供应链运营协同

任务描述

子任务 1：学生以项目组为单位，通过网络搜索或查阅图书等方式结合学习内容了解智慧物流与供应链运营协同。

子任务 2：根据查找到的资料归纳总结智慧物流与供应链运营协同的措施。

子任务 3：每个项目组将收集到的资料整理制作成汇报 PPT，并推荐同学做分享汇报。

岗前培训

✣ 岗前培训 1：智慧物流与供应链运营协同的基本概念

智慧物流与供应链运营协同是一种高度集成和智能化的管理模式，它通过技术手段实现供应链的各环节的紧密合作与协同作业，从而提高整个供应链的运营效率和服务水平。

1. 定义

智慧物流与供应链运营协同的定义可以阐述为：通过运用物联网、大数据、人工智能等智慧化手段，实现物流与供应链各环节之间的紧密合作与协同作业，从而提高整个供应链的运营效率、降低成本、增强灵活性，并促进供应链的可持续发展。

智慧物流与供应链运营协同是利用物联网、大数据、人工智能等技术，让物流过程变得更智能高效，通过信息共享、资源整合等方式，让供应链上的各个环节能够紧密配合，提升整体运营效率。

智慧物流与供应链运营协同可实现供应链的透明化、可视化，提高供应链的响应速度和灵活性，促进供应链的可持续发展。

2. 智慧物流与供应链运营协同的内容

（1）信息共享与透明化

企业利用供应链信息平台整合供应链各环节的信息资源，实现供应链信息的实时共享和透明化管理。企业可以实时了解库存、运输、订单等状态，为决策提供有力支持。企业建立供应链信息共享平台，实现供应链各环节之间的信息互通和共享。这有助于减少信息不对称，提高供应链的透明度和可预测性。供应链通过协同运作，实现供应链各节点企业的利益最大化。例如，供应链通过优化库存管理和降低物流成本，提高整体利润水平；通过提升客户服务质量，增强客户忠诚度。

（2）资源优化与配置

企业通过大数据和人工智能技术，对供应链数据进行深度挖掘和分析，预测市场需求和供应链趋势，优化资源配置和库存管理。这有助于减少库存积压和浪费，提高供应链的响应速度和灵活性。企业通过资源整合，优化供应链资源配置，提高资源利用效率。例如，利用大数据分析预测市场需求，合理安排生产和库存，避免资源浪费。

（3）流程优化

企业可对供应链流程进行持续优化和改进，消除冗余环节，提高流程效率和响应速度。例如，通过智能化调度和路径优化算法，提高运输效率；通过自动化仓储设备，提高仓储作业效率。

（4）协同计划与执行

在供应链管理中，各节点企业需要共同参与制订协同计划，确保供应链的顺畅运作。同时，通过协同执行，各节点企业能够紧密配合，实现供应链的快速响应和高效运作。

（5）智能决策与风险管理

借助人工智能和数据分析技术，企业可以对供应链数据进行智能化处理和分析，为决策提供科学依据。同时，通过风险管理系统，企业可以实时监控供应链风险，并采取相应的应对措施，确保供应链的稳定性和安全性。在供应链协同过程中，各节点企业共同承担风险，形成风险共担机制。这有助于增强供应链的韧性和稳定性，提高企业应对突发事件的能力。

（6）可持续发展与绿色物流

智慧物流与供应链运营协同还注重可持续发展和绿色物流。企业可通过优化运输路线、提高运输效率、减少能源消耗和排放等措施，降低物流过程对环境的影响，实现经济效益和环境效益的双赢。

智慧物流与供应链运营协同是供应链管理的重要趋势和发展方向。供应链各环节的紧密配合和高效运作，可以提高供应链的整体竞争力和市场响应速度，为企业创造更大的价值。

✣ 岗前培训 2：智慧物流与供应链运营协同的措施

智慧物流与供应链运营协同的措施旨在通过一系列策略和技术手段，实现供应链各环节的紧密配合和高效运作。智慧物流与供应链运营协同的措施是确保供应链各环节高效、顺畅运作的关键。

1. 建立供应链信息共享平台

（1）构建数字化平台

基于云计算、大数据等技术构建的数字化平台可以实现供应链各环节数据的实时共享和交换，打破信息孤岛，提高供应链的透明度，实现供应链各环节之间的销售数据、库存信息、生产计划、物流状态等关键数据的实时更新和共享。

（2）制定统一的数据标准和接口规范

基于云计算、大数据等技术构建的信息平台可以确保数据的全面性和实时性。统一的数据标准和接口规范可以确保供应链各环节之间的数据能够无缝对接和互通，确保不同系统之间的数据能够顺畅交换。同时，企业应加强信息安全和隐私保护，确保敏感信息不被泄露。

2. 优化资源配置与协同计划

（1）优化资源配置

企业通过大数据分析预测市场需求，合理安排生产和库存，优化物流资源配置。这有助于减少资源浪费，提高资源利用效率。利用历史销售数据和市场趋势进行需求预测。根据预测结果调整生产计划，避免过度生产或库存积压。优化物流网络布局，合理安排运输路线和仓储设施。

（2）需求预测与协同采购

企业利用大数据和人工智能技术，对市场需求进行精准预测，指导供应链各环节制订协同采购计划，确保原材料和零部件的及时供应。

（3）库存协同管理

企业通过库存信息的实时共享，实现供应链各节点的库存协同管理。根据市场需求和库存状况，灵活调整生产计划和库存水平，减少库存积压和浪费。

（4）运输协同调度

企业利用智能调度系统，根据实时交通、天气、车辆状态等信息，动态调整运输路线和配送计划，实现运输资源的优化配置和协同调度。

（5）加强流程协同

企业对供应链流程进行持续优化和改进，可以消除冗余环节，提高流程效率和响应速度。通过协同计划、协同运作和协同控制等手段，可以实现供应链各环节的紧密配合。制订详细的协同计划，明确各环节的责任和协作方式。加强流程监控和绩效评估，及时发现并解决问题。引入自动化和智能化技术，提高流程自动化水平和响应速度。

（6）建立协同机制

建立供应链协同机制，可以明确各节点企业的责任和权益，形成利益共享、风险共担的合作关系。企业通过定期沟通和协商，解决协同过程中出现的问题和矛盾。制定协同合作协议，明确各方责任和义务。加强供应链文化建设可以培养协同意识和合作精神。

3. 推动技术创新

物联网、人工智能、区块链等先进技术的应用可以推动智慧供应链和智慧物流的发展。企业可以通过技术创新提升供应链的智能化水平和运营效率。引入物联网技术实现物流运输和仓储的实时监控和追踪。利用人工智能技术优化库存管理和物流路径规划。探索区块链技术在供应链透明度和可追溯性方面的应用。

4. 提升供应链的敏捷性与响应速度

（1）快速响应机制

企业应建立快速响应机制，当市场需求发生变化时，能够迅速调整供应链策略，确保供应链的稳定性和灵活性。

（2）柔性生产能力

企业应提升生产线的柔性生产能力，根据市场需求变化快速调整生产计划，满足多样化的产品需求。

（3）多式联运协同

企业应结合公路、铁路、航空等多种运输方式，实现多式联运的协同作业，提高运输效率和降低运输成本。

5. 加强风险管理与应急响应

（1）风险识别与评估

在智慧物流与供应链运营协同过程中，企业应注重风险管理，建立完善的风险预警和应对机制。通过数据分析和监控，及时发现潜在风险并采取有效措施进行应对。定期对供应链各环节进行风险评估，识别潜在的风险因素，并制定相应的应对措施。建立风险预警系统，对供应链中的潜在风险进行实时监控和预警。

（2）建立应急预案

企业应针对可能发生的供应链中断、自然灾害等，制定详细的应急预案，明确应对措施和责任人，并进行定期演练和评估。

（3）应急响应机制

企业应建立应急响应机制，当突发事件发生时，能够迅速启动应急预案，减少损失和影响。加强与保险机构等第三方合作，降低风险。

6. 推动可持续发展与绿色物流

（1）绿色包装与循环使用

企业应推广绿色包装材料和技术，鼓励包装材料的循环使用和回收再利用。

（2）节能减排与低碳运输

企业应优化运输路线和运输方式，减少能源消耗和排放，鼓励使用新能源车辆和低碳运输方式。

（3）环保意识培养

企业应加强供应链各环节的环保意识培养，推动绿色供应链文化的形成和发展。

智慧物流与供应链运营协同的措施涉及信息共享、资源配置、流程协同、技术创新、敏捷性提升、风险管理和可持续发展等多个方面。通过这些措施，可以显著提高供应链的运营效率和服务水平，增强企业的市场竞争力和可持续发展能力，提升供应链的整体竞争力和市场响应速度。

✣ 岗前培训3：智慧物流与供应链运营协同的趋势

1. 数字化供应链成为首要趋势

（1）信息系统数字化

数字化技术可以使供应链信息化，使各个环节的信息可以通过信息系统实现共享和管理，提高供应链的透明度和运作效率。

（2）自动化技术应用

自动化技术的应用使供应链中的业务流程自动化，涉及采购、库存管理、生产管理、仓储、配送等流程，提高了生产效率和物流效率。

（3）云计算平台应用

云计算平台的应用使供应链管理系统移动到了云端，实现了跨地域、跨企业的数据共享和协同，提高了管理效率和准确性。

2. 数字化与智能化转型加速

随着信息技术的飞速发展，数字化与智能化已成为智慧物流与供应链运营协同的重要驱动力。企业通过采用物联网、大数据、人工智能等先进技术，实现供应链的数字化和智能化管理，提升运营效率和市场响应速度。

统一的信息共享平台可以实现供应链的各环节的数据互通和共享，打破信息孤岛，提高供应链的透明度和可视化水平。企业可利用大数据和人工智能技术，对供应链运营数据进行深度挖掘和分析，为决策提供科学依据，优化库存管理、生产计划、物流路径等关键环节。引入自动化设备和智能机器人，实现仓储、分拣、包装、运输等环节的自动化和智能化操作，提高作业效率和准确性。

3. 大数据和人工智能的深入应用

①大数据。

企业可以通过大数据分析和挖掘，发现潜在的商业机会，优化供应链流程，提高供应链效率。大数据技术可以用于需求预测、库存优化、供应链可视化、风险管理和成本优化等方面。

②人工智能。

人工智能能帮助企业实现需求预测分析、流程自动化和增强的需求预测。例如，智慧储存设备、智能分拣系统和智能配送等的应用，提高了物流作业的智能化水平。

4. 物联网技术的普及

物联网技术是未来物流智慧的基础，可实现对物流链路各个环节的实时监控和数据采集。通过传感技术和云计算技术，将供应链中的车辆、货物、库房和人员等连接起来，提高了供应链的效率和可靠性。

5. 供应链的可视化和可追溯性

企业应提高供应链的可见性和可追溯性：通过信息采集技术、物联网技术和GPS定位技术，实现对货物的跟踪，提高了供应链的透明度和可追溯性。

6. 协同与整合能力提升

智慧物流与供应链运营协同强调各环节的紧密配合和高效运作。企业需要加强与供应商、制造商、分销商等合作伙伴的协同与整合，形成紧密的供应链生态系统，提升整体竞争力。

协同计划：制订协同计划，明确各环节的职责和协作方式，确保供应链各环节之间的顺畅衔接。

整合资源：通过资源整合，优化供应链资源配置，提高资源利用效率。例如，共享仓储设施、运输车辆等资源，降低运营成本。

风险共担：建立风险共担机制，共同应对供应链中的不确定性和风险。通过加强沟通与协作，及时发现并解决问题，提高供应链的韧性和稳定性。

7. 客户体验优化

在竞争激烈的市场环境中，提升客户体验已成为企业赢得竞争优势的关键。智慧物流与供应链运营协同将更加注重客户需求和体验，企业可通过优化服务流程和提升服务质量，增强客户满意度和忠诚度。

个性化服务：利用大数据分析客户需求和行为模式，提供个性化的产品和服务方案。例如，根据客户的购买历史和偏好推荐相关产品或服务。

实时响应：通过数字化和智能化手段实现供应链的实时响应和快速交付。例如，建立智能仓储系统和快速配送网络，提高订单处理速度和配送效率。

售后服务：建立完善的售后服务体系，及时解决客户问题和反馈意见。通过数字化平台实现售后服务的在线化、智能化和便捷化。

8. 绿色与可持续发展

随着全球对环境保护和可持续发展的重视，绿色供应链已成为企业发展的重要方向。智慧物流与供应链运营协同将更加注重绿色和可持续发展，推动供应链向低碳、环保、高效的方向发展。

绿色采购：优先选择环保材料和绿色供应商，降低产品生产和运输过程中的碳排放和环境污染。

节能减排：采用节能技术和设备，降低能源消耗和排放。例如，使用新能源运输车辆、优化仓储布局等。

循环利用：推动供应链的循环利用和资源回收，减少废弃物产生和环境污染。例如，建立逆向物流体系，回收废旧产品和包装材料等。

9. 供应链风险管理

随着行业的发展，供应链将面临更多的风险和不确定性，如运输和物流基础设施持续拥堵、地缘政治变化、自然灾害和极端天气、原材料短缺等。企业需要加强风险管理能力，建立应急预案和多元化供应链策略，提高供应链的韧性和应对突发事件的能力。

10. 供应链投资与人才培养

具有前瞻性思维的组织认识到需要持续投资，以跟上技术进步和供应链管理不断变化的需求。同时，培养具备创新意识和战略思维的专业人才，对于应对挑战和推动持续改进至关重要。

这些趋势将推动供应链向更加高效、协同、绿色和可持续发展的方向迈进。

任务执行

步骤 1：以项目组为单位，通过网络搜索或查阅图书等方式查找智慧物流与供应链运营协同的图片、视频，归纳总结智慧物流与供应链协同的基本概念、措施、趋势，将结果填入表 7-3。

表 7-3　　智慧物流与供应链运营协同一览表

序号	名称	图片	视频链接	提炼小结	备注
1	智慧物流与供应链运营协同的基本概念				
2	智慧物流与供应链运营协同的措施				
3	智慧物流与供应链运营协同的趋势				

步骤 2：各项目组制作关于智慧物流与供应链运营协同的 PPT 并上台分享。

任务评价

在完成上述任务后，教师组织三方评价，完成表 7-4 的填写（满分 10 分，评价标准明细项目分值由教师根据培养目标和学情分析自行确定），并对学生任务执行情况进行点评。

表 7-4　　任务评价表

班级		项目组名称				
组长		成员				
评价要素	评价标准	评价依据	个人（10%）	项目组（30%）	教师（60%）	权重
知识	（1）熟悉智慧物流与供应链运营协同的基本概念。 （2）熟悉智慧物流与供应链运营协同的措施和应用场景	表 7-3 填写情况				40%
能力	（1）识别智慧物流与供应链运营协同的措施。 （2）表述智慧物流与供应链运营协同的应用场景	PPT 制作情况和上台分享情况				40%
素养	（1）遵守课堂管理规定。 （2）按时完成学习任务。 （3）有吃苦耐劳、团结协作的精神。 （4）服从管理，文明操作。 （5）有组织研讨的能力。 （6）学习积极主动、勤学好问	（1）考勤。 （2）课堂表现				20%

任务三 知悉智慧物流与供应链运营发展的趋势

任务描述

子任务1：学生以项目组为单位，通过网络搜索或查阅图书等方式结合学习内容知悉智慧物流与供应链运营发展的趋势。

子任务2：根据查找到的资料归纳总结智慧物流与供应链运营发展的趋势。

子任务3：每个项目将收集到的资料整理制作成汇报PPT，并推荐同学做分享汇报。

岗前培训

✣ 岗前培训1：新技术促进智慧物流与供应链运营发展

新技术确实在促进智慧物流与供应链运营发展方面起到了重要作用。具体来说，新技术如大数据技术、云计算技术、物联网技术、人工智能技术等，为智慧物流与供应链运营发展提供了强大的技术支持，推动了智慧物流与供应链运营的数字化转型和智能化升级。

1. 大数据技术

大数据技术通过收集、存储、分析和挖掘海量物流数据，能够帮助企业准确预测市场需求，优化运输路线，提高仓储效率，从而降低成本、提升服务质量。这有助于物流企业实现精细化管理，提高供应链的透明度和可控性。

2. 云计算技术

云计算技术为智慧物流与供应链运营提供了强大的计算能力，使物流企业能够处理复杂的物流信息，云计算提供了灵活的资源配置和管理方式，使得企业能够根据需求动态调整资源，实现物流资源的优化配置和高效利用。同时，云平台使得供应链各方能够实时共享信息，实现高效协作，提高了企业的灵活性和响应速度。

3. 物联网技术

物联网技术通过实现物流设备的互联互通，为物流企业提供了实时监控货物运输状态的能力。物联网设备可以实时收集货物的位置、温度、湿度等信息，并将这些信息传输到云端进行处理和分析，从而实现对物流过程的全面监控和管理。

4. 人工智能技术

人工智能技术在智慧物流与供应链运营中的应用日益广泛，涉及智能调度、智能仓储、智能配送、智能生产等方面。通过应用人工智能技术，物流企业可以实现物流作业的自动化和智能化，提高作业效率和准确性，降低人力成本。

5. 自动化与机器人技术

自动化与机器人技术（如 AGV 小车、自动化立体仓库）的使用可以提高仓储和分拣效率，减少人力成本，使得“最后一公里”的配送更加高效和灵活。

6. 区块链技术

区块链技术可以确保供应链中每个环节的数据透明和不可篡改，提高供应链的信任度。区块链技术通过智能合约自动执行交易和协议，减少中介环节，提高交易效率。

7. 增强现实（AR）与虚拟现实（VR）

使用 AR 和 VR 技术进行员工培训和操作模拟，可以提高培训效率和安全性。通过 AR 技术，仓库工作人员可以更高效地进行拣货和库存管理。

新技术在促进智慧物流与供应链运营发展方面发挥了重要作用。这些技术的应用不仅提高了物流效率和服务质量，还降低了物流成本，推动了物流行业的可持续发展。企业在积极采用这些技术的同时，也需要考虑如何整合和优化现有的流程，以充分发挥新技术的优势，实现可持续发展和竞争力提升。随着技术的不断进步和应用的深入，智慧物流与供应链运营将会迎来更加广阔的发展前景。

✣ 岗前培训 2：智慧物流与供应链运营发展的趋势

1. 数字化与智能化深度融合

智慧物流与供应链运营的核心在于数字化与智能化的深度融合。随着大数据、云计算、物联网、人工智能等技术的不断成熟，这些技术将更广泛地应用于供应链的各个环节，推动供应链的全面数字化转型和智能化升级。

企业可建立统一的数字化平台，实现供应链各环节数据的实时采集、传输、处理和分析，提高供应链的透明度和可视化水平。

企业可利用大数据和人工智能技术，对供应链运营数据进行深度挖掘，为决策提供科学依据，优化库存管理、生产计划、物流路径等关键环节。

企业可引入自动化设备和智能机器人，实现仓储、分拣、包装、运输等环节的自动化和智能化操作，提高作业效率和准确性。

随着技术的发展，供应链中的各个信息系统将实现更加紧密地集成，形成统一的数据平台，提高供应链的透明度和可视化程度。

2. 协同与整合能力增强

随着数字化和智能化的发展，供应链中的各个企业将实现更加紧密的协同作业，通过信息共享和资源整合，提高供应链的整体效率和竞争力。

企业可利用大数据和物联网技术，实现供应链的全面可视化，使各个环节的团队成员能够实时掌握供应链的状态和变化，及时作出调整和决策。

智慧物流与供应链运营强调各环节的紧密协同和高效整合。随着市场竞争的加剧和消费者需求的多样化，企业需要加强与供应商、制造商、分销商等合作伙伴的协同与整合，形成紧密的供应链生态系统，提升整体竞争力。

3. 技术创新与模式创新

技术创新和模式创新是推动智慧物流与供应链运营持续发展的重要动力。随着技术的不断进步和市场环境的不断变化，企业需要不断探索新的技术和模式，以适应市场需求的变化。

企业应关注新技术的发展动态，如区块链、5G、物联网等，探索其在供应链中的应用场景和潜力。

企业应不断探索新的供应链管理模式和商业模式，如共享经济、平台经济等，以降低成本、提高效率并创造新的价值。

4. 客户体验优化

提升客户体验是企业赢得竞争优势的关键。智慧物流与供应链运营将更加注重客户需求和体验，通过优化服务流程和提升服务质量，增强客户满意度和忠诚度。

5. 绿色与可持续发展

随着环保意识的增强，绿色物流将成为未来发展的重要方向。企业可通过采用环保材料、优化包装设计、推广绿色运输等方式，降低物流过程中的碳排放和环境污染，实现可持续发展。

6. 风险管理与韧性提升

面对全球经济的不确定性和供应链的复杂性，企业需加强风险管理能力，建立应急预案和多元化供应链策略，提高供应链的韧性和应对突发事件的能力。

企业可通过技术创新和管理优化，提高供应链的灵活性和适应性，使其能够快速应对市场变化和需求波动。

7. 政策引导与支持

政府将出台更多政策支持和引导智慧物流的发展，如提供财政补贴、税收优惠等，降低企业转型成本，推动智慧物流的普及和应用。

推动物流行业的标准化建设，制定统一的数据标准和接口规范，有利于提高供应链的互操作性和协同效率。

智慧物流与供应链运营的发展将推动物流行业的转型升级和可持续发展，为供应链企业创造更大的价值。

任务执行

步骤 1：以项目组为单位，通过网络搜索或查阅图书等方式查找智慧物流与供应链运营发展趋势的图片、视频，归纳总结智慧物流与供应链运营发展的新技术和趋势，将结果填入表 7-5。

表 7-5 智慧物流与供应链运营发展的趋势一览表

序号	名称	图片	视频链接	提炼小结	备注
1	促进智慧物流与供应链运营发展的新技术				
2	智慧物流与供应链运营发展的趋势				

步骤 2：各项目组制作关于智慧物流与供应链运营发展趋势的 PPT 并上台分享。

任务评价

在完成上述任务后，教师组织三方评价，完成表 7-6 的填写（满分 10 分，评价标准明细项目分值由教师根据培养目标和学情分析自行确定），并对学生任务执行情况进行点评。

表 7-6 任务评价表

<table>
<tr><td>班级</td><td></td><td>项目组名称</td><td colspan="4"></td></tr>
<tr><td>组长</td><td></td><td>成员</td><td colspan="4"></td></tr>
<tr><td>评价要素</td><td>评价标准</td><td>评价依据</td><td>个人（10%）</td><td>项目组（30%）</td><td>教师（60%）</td><td>权重</td></tr>
<tr><td>知识</td><td>（1）熟悉促进智慧物流与供应链运营发展的新技术。
（2）熟悉智慧物流与供应链运营发展的趋势</td><td>表 7-5 填写情况</td><td></td><td></td><td></td><td>40%</td></tr>
<tr><td>能力</td><td>（1）识别促进智慧物流与供应链运营发展的新技术。
（2）表述智慧物流与供应链运营发展的趋势</td><td>PPT 制作情况和上台分享情况</td><td></td><td></td><td></td><td>40%</td></tr>
<tr><td>素养</td><td>（1）遵守课堂管理规定。
（2）按时完成学习任务。
（3）有吃苦耐劳、团结协作的精神。
（4）服从管理，文明操作。
（5）有组织研讨的能力。
（6）学习积极主动、勤学好问</td><td>（1）考勤。
（2）课堂表现</td><td></td><td></td><td></td><td>20%</td></tr>
</table>

参考文献

［1］高文华，王桂花．供应链管理［M］．北京：清华大学出版社，2009.

［2］张宇．智慧物流与供应链［M］．北京：电子工业出版社，2016.

［3］马士华，林勇．供应链管理［M］．5版．北京：高等教育出版社，2019.

［4］韩东亚，余玉刚．智慧物流［M］．北京：中国财富出版社，2018.

［5］霍艳芳，齐二石．智慧物流与智慧供应链［M］．北京：清华大学出版社，2020.

［6］施先亮．智慧物流与现代供应链［M］．北京：机械工业出版社，2020.

［7］魏学将，王猛，张庆英．智慧物流概论［M］．北京：机械工业出版社，2020.

［8］王海军，杜丽敬．供应链管理［M］．北京：清华大学出版社，2021.

［9］杨斌．“一带一路”智慧物流［M］．上海：上海浦江教育出版社有限公司，2021.

［10］周任重，姜洪，赵艳俐．供应链管理［M］．北京：机械工业出版社，2019.

［11］杨伶俐．智慧物流与智慧供应链［M］．杭州：浙江大学出版社，2022.

［12］邵舒羽．智慧物流与智慧供应链［M］．北京：首都经济贸易大学出版社，2023.

参考文献